24.–

HOOF | Das Nachbarrecht in Hessen

CIP-Kurztitelaufnahme der Deutschen Bibliothek

Hoof, Rudolf:

Das Nachbarrecht in Hessen: mit Übersichten und Abb./
zsgest. u. erl. von Rudolf Hoof – 13., überarb. Aufl. –
Stuttgart: Boorberg, 1988

ISBN 3-415-01383-9

Satz und Druck: Schwarzwälder Bote, Oberndorf a. N.

Einband: Buchbinderei Dollinger GmbH, Metzingen

Das Nachbarrecht in Hessen

mit Übersichten und Abbildungen

zusammengestellt und erläutert von

Dr. RUDOLF HOOF

Ministerialrat a. D.

13., überarbeitete Auflage, 1988

RICHARD BOORBERG VERLAG
STUTTGART · MÜNCHEN · HANNOVER

VORWORT

Das Hessische Nachbarrechtsgesetz vom 24. 9. 1962 hat der bisherigen Unübersichtlichkeit der nachbarrechtlichen Vorschriften ein Ende bereitet. Es ist am 1. 11. 1962 in Kraft getreten und stellt neben die Nachbarrechts-Bestimmungen der §§ 903 bis 924 des Bürgerlichen Gesetzbuches übersichtliche landesrechtliche Regelungen; sie ermöglichen es auch dem Nichtjuristen, sich darin zurechtzufinden.

Die vorliegende Schrift, die nunmehr nach sorgfältiger Überprüfung in dreizehnter Auflage erscheint, will dem großen Kreis der Interessenten, insbesondere den Grundstückseigentümern, Gartenbesitzern, Landwirten und Pächtern, nicht zuletzt auch den Bürgermeistern, die oft mit dem Nachbarrecht zu tun haben, ein zuverlässiges Hilfsmittel an die Hand geben. Sie erhalten durch klare Erläuterungen die Möglichkeit, sich selbst über das in Hessen geltende Recht zu unterrichten. Die beigegebenen Übersichten und Abbildungen sollen zu einem besseren Verständnis der Vorschriften beitragen.

Soweit es erforderlich war und angängig erschien, wird zur Ergänzung des eigentlichen Sachgebiets auch auf öffentlich-rechtliche Vorschriften eingegangen, die in die nachbarrechtlichen Verhältnisse eingreifen.

Wiesbaden, im August 1988

Der Verfasser

INHALT

ABKÜRZUNGEN

a.a.O.	= am angegebenen Orte
Abt.	= Abteilung
AG	= Ausführungsgesetz
AGBGB	= Ausführungsgesetz zum Bürgerlichen Gesetzbuch
Allg.LandR	= Allgemeines Landrecht
BauGB	= Baugesetzbuch i. d. F. vom 8. 12. 1986 (BGBl. I S. 2253)
BauNVO	= Baunutzungsverordnung
BauO	= Bauordnung
BGB	= Bürgerliches Gesetzbuch
BGBl.	= Bundesgesetzblatt
BGH	= Bundesgerichtshof
BGHZ	= Entscheidungen des Bundesgerichtshofs in Zivilsachen
BImmissionsSchG	= Bundes-Immissionsschutz-Gesetz i. d. F. vom 15. 3. 1974 (BGBl. I S. 721, 1193) mit letzter Änderung vom 26. 11. 1986 (BGBl. I S. 2089)
EG	= Einführungsgesetz

EGBGB	=	Einführungsgesetz zum Bürgerlichen Gesetzbuch
FStrG	=	Bundesfernstraßengesetz
GewO	=	Gewerbeordnung
GS	=	Gesetzsammlung
GVBl.	=	Gesetz- und Verordnungsblatt für das Land Hessen
Hess.BauO	=	Hessische Bauordnung i. d. F. vom 16. 12. 1977 (GVBl. 1978, S. 2), mit letzter Änderung vom 24. 3. 1986 (GVBl. S. 102)
Hess.NRG	=	Hessisches Nachbarrechtsgesetz vom 24. 9. 1962 (GVBl. I S. 417)
Hess.Reg.Bl.	=	Regierungsblatt des früheren Großherzogtums und späteren Volksstaates Hessen
Hess.StraßenG	=	Hessisches Straßengesetz vom 9. 10. 1962 (GVBl. I S. 437)
Hess.WasserG	=	Hessisches Wassergesetz i. d. F. vom 12. 5. 1981 (GVBl. I S. 107) mit letzter Änderung vom 4. 11. 1987 (GVBl. I S. 193)
Kap.	=	Kapitel
Kurhess.	=	Kurhessisch
NRG	=	Nachbarrechtsgesetz
Pr., Preuß.	=	Preußisch
Preuß.AGBGB	=	Preußisches Ausführungsgesetz zum Bürgerlichen Gesetzbuch
Preuß.GS	=	Preußische Gesetzsammlung
Preuß.WasserG	=	Preußisches Wassergesetz
Reg.Bl.	=	Regierungsblatt
RGBl.	=	Reichsgesetzblatt
RGZ	=	Entscheidungen des Reichsgerichts in Zivilsachen
StGB	=	Strafgesetzbuch in der Fassung vom 2. 1. 1975 (BGBl. I S. 1)
VO	=	Verordnung
Vorbem.	=	Vorbemerkung
WasserG	=	Wassergesetz
WasserhaushaltsG	=	Wasserhaushaltsgesetz in der Fassung vom 23. 9. 1986 (BGBl. I S. 1529, 1654)
WiGBl.	=	Gesetzblatt der Verwaltung des Vereinigten Wirtschaftsgebietes
ZPO	=	Zivilprozeßordnung

I

Einleitung

1. Unter Nachbarrecht versteht man den Inbegriff aller Rechtssätze, die auf der Grundlage des nachbarlichen Gemeinschaftsverhältnisses einen billigen Ausgleich der widerstreitenden Interessen der Nachbarn suchen. Das Nachbarrecht ist ein Teil des *bürgerlichen Rechts*. Vereinzelt greifen auch öffentlich-rechtliche Vorschriften (z. B. die Gewerbeordnung) in diese Beziehungen der Nachbarn ein. Das *Bürgerliche Gesetzbuch* selbst regelt allerdings in seinen §§ 903 bis 924 nur einen Teil der nachbarrechtlichen Tatbestände. Daneben werden durch Art. 124 EGBGB alle landesgesetzlichen Vorschriften aufrechterhalten, die das Eigentum an Grundstücken zugunsten der Nachbarn noch anderen als den in den genannten Vorschriften enthaltenen Beschränkungen unterwerfen oder nach welchen Anlagen sowie Bäume und Sträucher nur in einem bestimmten Abstand von der Grenze gehalten werden dürfen.

2. Das am 1. 11. 1962 in Kraft getretene Hessische Nachbarrechtsgesetz vom 24. 9. 1962 (GVBl. I S. 417) hat die Rechtszersplitterung auf dem nachbarrechtlichen Gebiet beseitigt und – unter Berücksichtigung moderner Erkenntnisse und Erfahrungen auf baurechtlichem Gebiet – ein einheitliches Nachbarrecht für Hessen geschaffen. Die früheren, dem Hess.NRG entgegenstehenden Bestimmungen wurden aufgehoben (§ 48 Hess.NRG). Die oben erwähnten Vorschriften des Bürgerlichen Gesetzbuches gelten jedoch weiterhin. Sie sind in der folgenden Darstellung berücksichtigt.

3. Die rechtsgeschichtliche Entwicklung der Gebiete, die im heutigen Land Hessen zusammengefaßt sind, war die Ursache dafür, daß in Hessen bisher keine einheitlichen

Vorschriften galten. Die nachbarrechtlichen Normen mußten einer Vielzahl von Rechtsordnungen entnommen werden, deren Rechtswirksamkeit sich jeweils nur auf kleine Teilgebiete des Landes Hessen erstreckte. Auf den Geltungsbereich des früheren Rechtes ist hier kurz einzugehen, da er für die Anwendung der Überleitungsbestimmungen des Hess.NRG (vgl. § 13, § 16 Abs. 2, § 43 Abs. 1, § 46) von Bedeutung ist. Nach der amtlichen Begründung zum Hess.NRG kommen folgende Rechtsgebiete und Rechtsnormen in Betracht (Landtags-Drucksache Abt. I Nr. 1092/IV. Wahlperiode):

Das frühere Großherzogtum Hessen schuf zum 1. Januar 1900 bereits in den Art. 82 bis 89 und Art. 278 seines Ausführungsgesetzes zum BGB ein einheitliches Landesnachbarrecht und hob damit zahlreiche, in seinem Bereich gültig gewesene partikulare Rechtsordnungen auf. Soweit es sich gebietsmäßig mit dem heutigen Land Hessen deckt, wurden allein zwölf verschiedene partikulare Rechtsordnungen von der Aufhebung betroffen (vgl. Art. 286 Abs. 1 Ziff. 1 bis 5, Ziff. 7 bis 10, Ziff. 12 und Abs. 2 Ziff. 2 Hess.AGBGB); außerdem wurden die nachbarrechtlichen Vorschriften des Gemeinen Rechts beseitigt (Art. 286 I Ziff. 11e Hess.AGBGB). Neben den das Nachbarrecht vereinheitlichenden Vorschriften blieben aber in den Artikeln 209 ff. Hess. AGBGB für das Gebiet von Rheinhessen, dessen rechtsrheinisch gelegene Gemeinden bei der Neueinteilung der Länder im Jahre 1945 den Landkreisen Bergstraße und Groß Gerau sowie dem Stadtkreis Wiesbaden und damit dem Land Hessen zugeschlagen wurden, gewisse Ausnahmebestimmungen bestehen. Als nachbarrechtliche Vorschrift enthalten diese aber nur den Art. 215, der sich mit Rechtsverhältnissen von Mauern befaßt, die am 1. Januar 1900 im Bau befindlich waren; diese Bestimmung kann daher als gegenstandslos außer Betracht bleiben. Ferner gehört das in den Art. 216 bis 219 normierte Stockwerkseigentum nicht zum Nachbarrecht im eigentlichen Sinne; dieses wurde daher durch ein besonderes Gesetz in heutige Rechtsformen übergeleitet[1]. Für das Gebiet des früheren Hessen-Darmstadt, soweit es sich mit dem heutigen Land Hessen deckt, stellten somit praktisch nur die Art. 82 bis 89 und Art. 278 Hess.AGBGB die Quellen des partikularen Nachbarrechts dar.

Im westlichen Teil des Landes Hessen galten weitere sieben partikulare Rechtsordnungen: das Kurmainzer Landrecht, das Kurtrierer

1 Vgl. Hess. Gesetz zur Überleitung des Stockwerkseigentums vom 6. 2. 1962 (GVBl. S. 17).

Landrecht, das Eppsteiner Recht, das Solmser Landrecht, das Katzenelnbogische Landrecht, das Nassauische Recht und subsidiär das Gemeine Recht.

Im Frankfurter Gebiet galt das Frankfurter Partikularrecht.

In den Kreisen Schlüchtern, Fulda (einschließlich des Gebiets um Gersfeld), Hünfeld, in einem Teil des Kreises Lauterbach war das Fuldische Recht anwendbar.

In dem noch übrigen Gebiet des ehemaligen Kurhessen galt das Kurhessische Recht.

In den Gemeinden Neuseesen und Werleshausen, die 1945 vom Kreis Heiligenstadt (Bezirk Erfurt) abgetrennt und dem Lande Hessen zugeteilt wurden, galt das Preußische Allgemeine Landrecht, das durch Patent vom 24. März 1803 und später erneut mit Wirkung vom 1. Januar 1815 in Erfurt und im Eichsfeld eingeführt war.

Nach 1866 kam für den damals preußisch gewordenen Teil Hessens als weitere Rechtsquelle die preußische Gesetzgebung hinzu. Das Preußische Recht wurde ferner im Freistaat Waldeck eingeführt, als dieser gemäß dem Staatsvertrag vom 23. März 1928 durch Gesetz vom 25. Juli 1928 (Preußische Gesetzsammlung S. 179) Preußen eingegliedert wurde; dabei wurden gleichzeitig alle entgegenstehenden Gesetze, Verordnungen und Verwaltungsvorschriften des Freistaats Waldeck aufgehoben; die wenigen zugunsten des früheren Rechts gemachten Vorbehalte betrafen keine nachbarrechtlichen Tatbestände.

Näheres über den Geltungsbereich des früheren Landesrechts ergibt sich aus Kissel, Neuere Territorial- und Rechtsgeschichte des Landes Hessen.

4. Das Hess.NRG regelt die Verhältnisse der Nachbarwand (§§ 1 bis 7) und der Grenzwand (§§ 8 bis 10), das Fenster- und Lichtrecht (§§ 11 bis 13), die Einfriedung (§§ 14 bis 19), die Einwirkungen auf den Grundwasserspiegel (§ 20), Veränderungen bei dem Zu- und Abfluß wild abfließenden Wassers (§§ 21 bis 25), das Dachtraufenrecht (§§ 26 bis 27), das Hammerschlags- und Leiterrecht (§§ 28 bis 29), das Recht zur Durchführung von Leitungen durch fremde Grundstücke (§§ 30 bis 35), das Höherführen von Schornsteinen und Lüftungsschächten zur Erzielung der notwendigen Zug- und Saugwirkung (§§ 36 bis 37) sowie die Grenzabstände für Pflanzen (§§ 38 bis 44).

5. *Nicht geregelt* ist im Hess.NRG das *Anwende-* oder *Schwengelrecht* (vgl. Abschn. VII Vorbem. 1c und Anm. 3

zu § 16 Hess.NRG), auch Tret-, Kehr- oder Pflugrecht genannt. Es handelt sich hierbei um das Recht des Grundstückseigentümers, auf dem Grundstück des Nachbarn mit dem Pflug bzw. mit dem Pflug und dem Spannvieh umwenden zu dürfen.

Dieses Recht bestand in einigen Partikularrechten kraft Gesetzes oder Gewohnheitsrechts, z. T. allerdings als Dienstbarkeit. Die bisherige Entwicklung in Nassau, Preußen und sonstigen Rechtsgebieten hat gezeigt, daß die allgemeine Tendenz auf eine allmähliche Beseitigung des Anwenderechts in seinen verschiedenen Formen gerichtet ist. Da auch die weitgehend vorgenommene Umlegung ein Bedürfnis für eine Beibehaltung dieses Rechts nicht mehr hat hervortreten lassen, sind dahingehende Regelungen als entbehrlich angesehen worden.

6. Das Hess.NRG regelt auch nicht das Recht der *engen Reihe, Winkel* oder *Schluchten.* Hierunter versteht man schmale Zwischenräume zwischen Gebäuden benachbarter Grundstücke. Ihrem Zweck nach kann es sich beispielsweise um Feuergassen, Lichtschächte, Abflußgelegenheiten für Regen- oder Spülwasser handeln.

Enge Reihen usw. sind noch häufig auf dem Land anzutreffen. Ihre allmähliche Beseitigung erscheint erwünscht. Dieses Ziel sucht die Baubehörde dadurch zu erreichen, daß sie beispielsweise in den Fällen, in denen eines der beiden Gebäude baufällig geworden ist, die Auflage macht, daß die Hälfte des Winkels überbaut und gegebenenfalls auf dieser Halbierungslinie eine gemeinsame Wand (Brandmauer) errichtet wird.

Die Aufnahme von Vorschriften über enge Reihen usw. in das Hess.NRG war nicht möglich, weil das BGB bereits hinreichende Regelungen bringt, und zwar für den Fall, daß die enge Reihe Alleineigentum eines der Nachbarn ist, im

Miteigentum beider Nachbarn steht oder es sich um eine echte Grenzeinrichtung im Sinne der §§ 921, 922 BGB handelt.

7. Die Regierungsvorlage des Hess.NRG enthielt eine Regelung über das Lagern von Holz, Brettern und anderen Stoffen und schrieb hierfür die Einhaltung eines bestimmten Grenzabstandes vor (Landtags-Drucksache Abt. I Nr. 1092/IV. Wahlperiode).

Der Hessische Landtag hat diese Vorschrift jedoch nicht übernommen, sie ist also nicht Gesetz geworden. Dies war nicht erforderlich, weil im Partikularrecht eine dahingehende Regelung nicht bestand und bereits die PolizeiVO vom 18. 5. 1940 (RGBl. I S. 792) in der Fassung der Hess. ÄnderungsVO vom 27. 9. 1957 (GVBl. S. 144) aus feuerpolizeilichen Gründen bestimmte Abstände für das Lagern von ungedroschenem Getreide, Stroh, Heu, Flachs usw. vorschrieb (inzwischen allerdings aufgehoben), im übrigen aber die allgemeinen Vorschriften ausreichen, um Unzuträglichkeiten für den Nachbarn auszuschließen.

8. Eine Abgrenzung zum *öffentlichen Baurecht* sieht das Hess.NRG nicht vor. Die Bauaufsichtsbehörde hat die bei ihr eingereichten Baugesuche und Baubefreiungsanträge nicht unter nachbarrechtlichen Gesichtspunkten zu prüfen. Der Bauherr muß daher vor Baubeginn prüfen, ob der Verwirklichung seines Bauvorhabens entsprechend dem erteilten Baubescheid keine *nachbarrechtlichen* Vorschriften entgegenstehen. Stimmt die beabsichtigte Bauausführung nicht mit dem Bescheid der Bauaufsichtsbehörde überein, so wird diese das Weiterbauen verbieten. Wenn dagegen *nachbarrechtliche* Vorschriften dem Bauvorhaben entgegenstehen, so muß sich der Bauherr mit dem *Nachbarn* einigen, sonst kann dieser durch *zivilgerichtliche* Entscheidung das Weiterbauen untersagen lassen und gegebenenfalls die Beseitigung der eingetretenen Beeinträchtigung durchsetzen.

9. Auch das *öffentliche Recht* gibt dem Nachbarn die Möglichkeit, in gewissem – wenn auch beschränktem – Umfang der Bauaufsichtsbehörde gegenüber Einwendungen gegen die ihr vorliegenden Baugesuche und Baubefreiungsanträge vorzubringen. Er kann evtl. sogar gegen Bescheide der Bauaufsichtsbehörde, die seine Rechte beeinträchtigen, durch Klage beim *Verwaltungsgericht* vorgehen.

Zwar kann nach herrschender Meinung eine Beeinträchtigung des Nachbarn dann nicht angenommen werden, wenn das Baurecht unverändert, das heißt ohne Dispensgewährung im Einzelfall, zur Anwendung kommt. Denn der Bescheid der Bauaufsichtsbehörde bedeutet in diesem Fall nur, daß öffentlich-rechtliche Hindernisse dem Bauvorhaben nicht entgegenstehen. Die Rechtsstellung des Nachbarn wird auch nicht verletzt oder gefährdet, wenn Dispens oder Ausnahmebewilligung von solchen Vorschriften der Bauordnung erteilt wird, die nicht dem ausschließlichen oder teilweisen *Schutz des Nachbarn* dienen.

Eine Klageberechtigung wird jedoch eingeräumt, wenn die Bauaufsichtsbehörde Dispens von Vorschriften gewährt hat, die entweder ausschließlich oder wenigstens zum Teil die Interessen des Nachbarn schützen sollen (siehe unten). Welche Vorschriften in diesem Sinne als nachbarschützend in Betracht kommen, steht nicht eindeutig fest. Aber auch wenn der nachbarschützende Charakter einer Vorschrift bejaht wird, kann eine Klage des beeinträchtigten Nachbarn nur dann Erfolg haben, wenn die Ausnahme zu Unrecht zugelassen bzw. die Befreiung unberechtigt gewährt worden ist (vgl. § 94 Hess.BauO). Ein solcher Verstoß kann nicht angenommen werden, wenn die Bauaufsichtsbehörde im Rahmen des zulässigen Ermessens gehandelt hat, ein Ermessensmißbrauch also nicht vorliegt. Vgl. hierzu das Urteil des OVG Münster vom 5. 3. 1963 (NJW 1964 S. 74).

Als nachbarschützend können folgende Vorschriften in Betracht kommen:

§ 15 Abs. 1 der Baunutzungs-VO vom 15. 9. 1977 (BGBl. I S. 1763) mit Änderung vom 19. 12. 1986 (BGBl. I S. 2665)

Die in den §§ 2 bis 14 aufgeführten baulichen und sonstigen Anlagen sind im Einzelfall unzulässig, wenn sie nach Anzahl, Lage, Umfang oder Zweckbestimmung der Eigenart des Baugebietes widersprechen. Sie sind auch unzulässig, wenn von ihnen Belästigungen oder Störungen ausgehen können, die nach der Eigenart des Baugebietes im Baugebiet selbst oder in dessen Umgebung unzumutbar sind.

§ 3 Hess.BauO

Allgemeine Anforderungen

(1) Bauliche Anlagen sind so anzuordnen, zu errichten, zu ändern und zu unterhalten, daß die öffentliche Sicherheit oder Ordnung nicht, auch nicht durch unzumutbare Nachteile und Belästigungen, gefährdet wird. Sie müssen ihrem Zweck entsprechend ohne Mißstände benutzbar sein. Sie dürfen nicht verunstaltet wirken und das Gesamtbild ihrer Umgebung nicht stören. Die allgemein anerkannten Regeln der Baukunst, der Technik, einschließlich der Elektro-, Gas- und Wassertechnik, und des Grünflächen- und Landschaftsbaus sind zu beachten.

(2) und (3) ...

§ 4 Hess.BauO

Bebauung der Grundstücke mit Gebäuden und Einrichtung von Lager-, Abstell-, Ausstellungs-, Camping- und Zeltplätzen

(1) Gebäude dürfen nur errichtet werden, wenn

1. das Grundstück nach Lage, Form, Größe und Beschaffenheit für die beabsichtigte Bebauung geeignet ist,
2. das Grundstück in einer solchen Breite an eine befahrbare öffentliche Verkehrsfläche grenzt oder eine solche öffentlich-rechtlich

gesicherte Zufahrt zu einer befahrbaren öffentlichen Verkehrsfläche hat, daß der Einsatz von Feuerlösch- und Rettungsgeräten ohne Schwierigkeiten möglich ist, und

3. bei Einrichtung von Aufenthaltsräumen gesichert ist, daß bei Ingebrauchnahme der Gebäude die Verkehrsflächen sowie die Wasserversorgungs-, Abwasser- und Energieversorgungsanlagen in dem erforderlichen Umfang benutzbar sind.

Auf die Befahrbarkeit von Wohnwegen kann im Einzelfall verzichtet werden, soweit wegen des Brandschutzes Bedenken nicht bestehen.

(2) . . .

§ 7 Hess.BauO

Bauwiche

(1) Von den Grundstücksgrenzen, die nicht an öffentlichen Verkehrsflächen liegen, müssen Gebäude nach Maßgabe der folgenden Absätze Mindestabstandsflächen (Bauwiche) einhalten. Maßgebend hierfür ist der grenznächste Gebäudeteil eines jeden Geschosses; Umwehrungen und vor die Außenwand vorspringende untergeordnete Gebäudeteile wie Gesimse, Dachvorsprünge und Eingangsüberdachungen, bleiben außer Betracht, wenn sie nicht mehr als ein Drittel der Bauwichbreite, höchstens jedoch 1,50 m vortreten.

(2) Abs. 1 gilt nicht, soweit nach den planungsrechtlichen Vorschriften über die Bauweise an die Grundstücksgrenze gebaut werden muß. Soweit nach den planungsrechtlichen Vorschriften über die Bauweise an die Grundstücksgrenze gebaut werden darf, kann auf die Einhaltung der Bauwiche verzichtet werden, wenn öffentlich-rechtlich gesichert ist, daß vom Nachbargrundstück her angebaut wird. Ist auf dem Nachbargrundstück bereits ein Gebäude an oder auf der Grenze errichtet, so kann ein Anbau zugelassen werden; es kann verlangt werden, daß angebaut wird. Innerhalb der im Zusammenhang bebauten Ortsteile, für die Festsetzungen über die Bauweise nicht bestehen, gelten Satz 1 und 2 entsprechend der vorhandenen Bebauung.

(3) Die Breite des Bauwichs beträgt

1. für das erste und zweite Vollgeschoß mindestens 3 m,
2. für alle anderen Vollgeschosse je Geschoß mindestens 1,50 m.

Ist auch nur ein Vollgeschoß höher als 3,50 m oder auch nur ein Zwischengeschoß vorhanden, oder vorgesehen, das kein Vollgeschoß ist, so ist je angefangenen 3,50 m der gesamten Höhe der Geschosse ein Vollgeschoß zu rechnen, mindestens jedoch die tatsächliche Zahl der Vollgeschosse. In Kerngebieten, Gewerbegebieten und Industriegebieten und mit ihnen nach Art ihrer baulichen und sonstigen Nutzung vergleichbaren Sondergebieten sowie in im Zusammenhang bebauten Ortsteilen, die diesen Gebieten nach Art ihrer tatsächlichen baulichen oder sonstigen Nutzung entsprechen, beträgt das in Satz 2 angegebene Maß 4 m. Geschosse im Sinne dieser Vorschrift sind auch nicht umschlossene Abschnitte eines Gebäudes.

(4) Im Bauwich eines Gebäudes und – außerhalb der Bauwiche – innerhalb einer Abstandsfläche von 3 m entlang der Grundstücksgrenze nach Abs. 1 Satz 1 sind bauliche Anlagen nicht zulässig; das gilt nicht für Einfriedungen, Wege, unterirdische oder die Geländeoberfläche nur unwesentlich überragende Anlagen und Kinderspielplätze sowie Anlagen, die wohnungswirtschaftlichen Zwecken oder der Gartengestaltung dienen.

(5) In den Bauwich und die Abstandsfläche hineinragen dürfen erdgeschossige Hauseingangstreppen, Kellerlichtschächte, Kellertreppen und Kellerrampen; das Hineinragen von Balkonen und ähnlichen Vorbauten kann zugelassen werden, jedoch soll mindestens ein Grenzabstand von 2,50 m erhalten bleiben. Im Bauwich und der Abstandsfläche zugelassen werden können Stellplätze, Garagen bis zu einer Außenwandhöhe von 2,50 m und einer Dachneigung bis 45 ° zur Grundstücksgrenze, Nebenanlagen für die örtliche Versorgung mit Elektrizität, Gas, Wärme, Kälte oder Wasser, Stützmauern, Maste, Abfallbehältnisse und ihre Standplätze sowie bei Wahrung eines Grenzabstandes von 2,50 m Freisitze, offene Schwimmbecken und Kompostbehältnisse; soweit es sich hierbei um Gebäude handelt, können sie auch ohne eigenen Bauwich zugelassen werden.

§ 8 Hess.BauO

Abstände und Abstandsflächen

(1) Gebäude und Gebäudeteile müssen von anderen vorhandenen oder auf Nachbargrundstücken zulässigen Gebäuden oder Gebäudeteilen einen Abstand von mindestens 3 m einhalten. Befinden sich Öffnungen in gegenüberliegenden Wänden, so beträgt der Abstand mindestens 5 m. Wände liegen sich gegenüber, wenn sie einander in einem Winkel von weniger als 75 ° zugekehrt sind. Ausnahmen von Satz 1 und 2 können für Garagen, Gewächshäuser und Nebenanlagen für die örtliche Versorgung mit Elektrizität, Gas, Wärme, Kälte oder Wasser zugelassen werden, wenn wegen des Brandschutzes Bedenken nicht bestehen. Größere Abstände können aus Gründen der öffentlichen Sicherheit, insbesondere des Brandschutzes, verlangt werden.

(2) Zwischen Wänden gegenüberliegender vorhandener oder auf Nachbargrundstücken zulässiger Gebäude oder Gebäudeteile muß vor notwendigen Fenstern eine Abstandsfläche eingehalten werden; dies gilt auch, wenn andere bauliche Anlagen notwendigen Fenstern gegenüberliegen. Die Abstandsfläche ist so bemessen, daß die Aufenthaltsräume ausreichend belichtet werden. Es sind jedoch Mindestabstände zur Wahrung des Nachbarfriedens einzuhalten. Die

Landesregierung wird ermächtigt, den notwendigen Abstand nach Satz 1 bis 3 durch Rechtsverordnung* zu regeln.

(3) ...

§ 23 Hess.BauO

Verkehrssicherheit

(1) Bauliche Anlagen und die dem Verkehr dienenden nicht überbauten Flächen von bebauten Grundstücken müssen verkehrssicher sein.

(2) Die Sicherheit, Ordnung und Leichtigkeit des öffentlichen Verkehrs darf durch bauliche Anlagen und ihre Nutzung nicht gefährdet werden.

(3) ...

§ 47 Hess.BauO

Lüftungstechnische Anlagen, Installationsschächte und -kanäle

(1 und 2) ...

(3) Lüftungsleitungen sind so anzuordnen und herzustellen, daß sie Gerüche und Staub nicht in andere Räume übertragen. Die Weiterleitung von Schall in fremde Räume muß gedämmt sein. Lüftungsleitungen dürfen nicht in Schornsteine eingeführt werden; die gemeinsame Benutzung von Lüftungsleitungen zur Lüftung und zu Ableitung von Abgasen kann zugelassen werden. Die Abluft ist ins Freie zu führen. Die Abführung von Abluft ohne Abgase in gut durchlüftete unbenutzte Dachräume kann zugelassen werden, wenn die Abluft nicht in andere Räume eindringen kann. Nicht zur Lüftungsanlage gehörende Einrichtungen sind in unbegehbaren Lüftungsleitungen unzulässig.

(4 bis 9) ...

§ 51 Hess.BauO

Rauchschornsteine

(1) ...

(2) Rauchschornsteine sind möglichst in Gruppen zusammenzufassen und so anzuordnen, daß sie gegen Abkühlung geschützt sind und möglichst nahe beim Dachfirst austreten. Schornsteine dürfen nicht ineinander geführt werden.

---

* Hierzu ist die Abstandsflächen-VO vom 27. 9. 1978 (GVBl. S. 531) ergangen

(3) Rauchschornsteine müssen den Rauch so ins Freie führen, daß Gefahren oder unzumutbare Nachteile und Belästigungen nicht entstehen. Ihr lichter Querschnitt muß der Zahl, Art und Größe der anzuschließenden Feuerstätten entsprechen.

(4 bis 9) . . .

(10) Rauchschornsteine aus Metall ohne wärmedämmende Ummantelung können für gewerblich oder entsprechend genutzte Gebäude zugelassen werden, wenn wegen des Brandschutzes Bedenken nicht bestehen sowie sonstige Gefahren oder unzumutbare Nachteile und Belästigungen nicht zu befürchten sind.

(11) . . .

§ 55 Hess.BauO

Aborträume

(1) . . .

(2) Aborträume müssen ausreichend groß sein; sie müssen nach Lage und Einrichtung den Anforderungen der Gesundheit und des Anstandes genügen.

(3 bis 8) . . .

§ 57 Hess.BauO

Waschküchen

(1) Waschküchen müssen ausreichend groß und gut lüftbar sein; sie müssen einen Bodenablauf mit Geruchsverschluß haben.

(2) Waschküchen im Dachraum müssen nahe am Treppenhaus liegen.

(3) § 62 Abs. 6, § 64 Abs. 3 und § 65 Abs. 2 gelten entsprechend.

§ 58 Hess.BauO

Anlagen für Abwasser und Abfälle

Bauliche Anlagen dürfen nur errichtet werden, wenn die einwandfreie Beseitigung des Abwassers, einschließlich des Niederschlagwassers, und der Abfälle dauernd gesichert ist. Die Anlagen dafür sind so anzuordnen, herzustellen und zu unterhalten, daß sie dauerhaft und betriebssicher sind und Gefahren oder unzumutbare Nachteile und Belästigungen nicht entstehen.

§ 59 Hess.BauO

Abwasserbeseitigung

(1) Das Abwasser ist einer zentralen Kläranlage zuzuführen. Es darf Kleinkläranlagen oder Sammelgruben zugeführt werden, wenn die Forderung nach Satz 1 nicht erfüllt werden kann.

(2) ...

(3) Für Stalldung sind Dungstätten mit wasserdichten Böden anzulegen. Flüssige Abgänge aus Ställen und Dungstätten sind in Sammelgruben oder Behälter zu leiten, die keine Verbindung zu Abwasserbeseitigungsanlagen haben dürfen.

(4) Kleinkläranlagen, Sammelgruben, Behälter und Dungstätten dürfen nicht unter Aufenthaltsräumen angelegt oder aufgestellt werden. Sie sind in solchem Abstand von öffentlichen Verkehrsanlagen, von Nachbargrenzen, von Fenstern und Türen zu Aufenthaltsräumen, von öffentlichen Wasserversorgungsanlagen und von Brunnen und Gewässern anzulegen, daß Gefahren oder unzumutbare Nachteile und Belästigungen nicht entstehen.

(5) Kleinkläranlagen, Sammelgruben und Behälter müssen wasserdicht und ausreichend groß sein. Kleinkläranlagen und Sammelgruben dürfen nicht mit anderen baulichen Anlagen konstruktiv verbunden werden und müssen eine dichte und sichere Abdeckung haben. Sie sind mit Reinigungs- und Entleerungsöffnungen zu versehen. Die Öffnungen dürfen nur vom Freien aus zugänglich sein. Die Anlagen sind so zu entlüften, daß Gefahren, insbesondere für die Gesundheit, oder unzumutbare Nachteile oder Belästigungen nicht entstehen. Die Zuleitungen zu Abwasserbeseitigungsanlagen müssen geschlossen, dicht und, soweit erforderlich, zum Reinigen eingerichtet sein.

§ 60 Hess.BauO

Abfallschächte

(1) Schächte zum Abwurf fester Abfallstoffe (Abfallschächte), ihre Einfüllöffnungen und die dazugehörigen Sammelräume sind außerhalb von Aufenthaltsräumen anzulegen. Abfallschächte und Sammelräume müssen aus feuerbeständigen Bauteilen bestehen. Einrichtungen innerhalb des Schachtes und des Sammelraumes müssen aus nichtbrennbaren Baustoffen bestehen.

(2) Abfallschächte sind bis zur obersten Einfüllöffnung ohne Querschnittsänderungen senkrecht zu führen. Eine ständig wirkende Lüftung muß gesichert sein. Abfallschächte sind so herzustellen und zu unterhalten, daß sie Abfälle sicher und gesundheitlich einwandfrei abführen, daß Feuer, Rauch, Gerüche und Staub nicht nach außen dringen und daß die Weiterleitung von Schall gedämmt wird.

(3) Die Einfüllöffnungen sind so einzurichten, daß Staubbelästigungen nicht auftreten und sperrige Abfälle nicht eingebracht werden können. Am oberen Ende des geraden Stranges des Abfallschachtes ist eine Reinigungsöffnung anzubringen. Alle Öffnungen sind mit Verschlüssen aus nichtbrennbaren Baustoffen zu versehen.

(4) Der Abfallschacht muß in einem ausreichend großen Sammelraum münden. Die Zugänge des Sammelraumes sind mit feuerbeständigen, selbstschließenden Türen zu versehen. Der Sammelraum muß vom Freien zugänglich und entleerbar sein. Die Abfallstoffe sind in beweglichen Abfallbehältnissen zu sammeln.

§ 61 Hess.BauO

Anlagen für Abfälle

(1) Für die vorübergehende Aufbewahrung von Abfällen sind dichte Abfallbehältnisse außerhalb der Gebäude herzustellen oder aufzustellen. Für übelriechende Abfälle können geruchdichte Behältnisse verlangt werden.

(2) Für bewegliche Abfallbehältnisse ist ein befestigter Platz an nicht störender Stelle auf dem Grundstück herzustellen. Ihre Aufstellung innerhalb von Gebäuden in besonderen, gut lüftbaren Räumen kann zugelassen werden. Die Standplätze müssen leicht saubergehalten werden können.

(3) Abfallbehältnisse müssen sicher und leicht erreichbar sein.

§ 68 Hess.BauO

Ställe

(1) Ställe sind so anzuordnen, zu errichten und zu unterhalten, daß eine gesunde Tierhaltung gesichert ist und die Umgebung nicht unzumutbar belästigt wird ...

(2 bis 6) ...

§ 69 Hess.BauO

Gärfutterbehälter

Gärfutterbehälter sowie Schnitzelgruben, die nicht nur vorübergehend benutzt werden, müssen dicht sein und so angeordnet, hergestellt und unterhalten werden, daß Gefahren oder unzumutbare Nachteile und Belästigungen nicht entstehen. Sickersäfte sind einwandfrei zu beseitigen.

II

Das Grundeigentum im allgemeinen

VORBEMERKUNGEN:

1. Das **Eigentum** gewährt die umfassendste Herrschaft über eine Sache. Demgemäß kann der Grundstückseigentümer im Prinzip mit seinem Grundstück tun und lassen, was er will, und jeden anderen von Einwirkungen auf das Grundstück ausschließen. Dieses Recht des Eigentümers ist aber weitgehend im Interesse der Allgemeinheit und in Rücksichtnahme auf das nachbarliche Gemeinschaftsverhältnis begrenzt. Näheres hierüber in den Anmerkungen zu § 903 BGB (S. 22).

2. Bei dem Eigentum unterscheidet man vor allem das **Alleineigentum**, das **Gesamthandseigentum** (§§ 54, 718, 1416, 2032 BGB) und das **Miteigentum nach Bruchteilen** (§§ 1008 ff. BGB). Das **Wohnungseigentum** (Wohnungseigentumsgesetz vom 15. 3. 1951 – BGBl. I S. 175 – mit letzter Änderung vom 14. 12. 1984 – BGBl. I S. 1493 –) ist rechtlich ein Miteigentum der Wohnungseigentümer am Grund und Boden sowie an gemeinschaftlichen Gebäudeteilen, verbunden mit einem Sondereigentum an der Wohnung.

3. Wie Grundstücke werden die **grundstücksgleichen Rechte** behandelt, vor allem das Erbbaurecht (VO über das Erbbaurecht vom 15. 1. 1919 – RGBl. S. 72 – mit letzter Änderung vom 8. 6. 1988 – BGBl. I S. 710 –).

4. Im Gegensatz zum Eigentum steht der **Besitz** (§§ 854 ff. BGB). Er ist keine rechtliche, sondern nur eine *tatsächliche* Herrschaft über eine Sache. Man unterscheidet den unmittelbaren und den mittelbaren Besitz. Unmittelbaren Besitz hat der, welcher die Sache tatsächlich in Gewahrsam hat, also insbesondere der Eigentümer, der sein Haus selbst bewohnt oder sein Grundstück selbst bewirtschaftet.

Mittelbarer Besitzer ist der, welcher nicht auf Grund eines tatsächlichen Gewaltverhältnisses besitzt, sondern auf Grund eines Rechtsverhältnisses, nach dem ein anderer (z. B. Pächter, Mieter) für ihn den unmittelbaren Besitz ausübt.

Obwohl der Besitz nur eine tatsächliche Herrschaft über eine Sache bedeutet, gewährt er eine wichtige Rechtsstellung. Der Besitzer hat das Recht auf Schutz seines Besitzstandes, der frühere Besitzer hat unter den Voraussetzungen des § 1007 BGB einen Herausgabeanspruch gegen den jetzigen Besitzer. Zugunsten des Besitzers einer beweglichen Sache wird vermutet, daß er Eigentümer der Sache ist (§ 1006 Abs. 1 Satz 1 BGB). In diesem Zusammenhang ist auch der Wohnbesitz nach dem Gesetz zur Förderung von Wohnungseigentum und Wohnbesitz im sozialen Wohnungsbau vom 23. 3. 1976 (BGBl. I S. 737) zu erwähnen.

5. Das Hess.NRG spricht in mehreren Paragraphen von **Nutzungsberechtigten.** Was darunter zu verstehen ist, ergibt sich aus den allgemeinen Vorschriften des bürgerlichen Rechts: Nach § 100 BGB sind unter Nutzungen zu verstehen die Früchte einer Sache oder eines Rechts sowie die Vorteile, welche der Gebrauch der Sache oder des Rechts gewähren. Nutzungsberechtigte sind also die, welche ein dingliches Nutzungsrecht besitzen (insbesondere Nießbraucher, § 1030 ff. BGB), aber auch alle, die ein obligatorisches Nutzungs- oder Gebrauchsrecht haben, vor allem Mieter und Pächter (§§ 535 ff., 581 ff. BGB).

6. Das Eigentum steht unter der Garantie des Grundgesetzes und der Hessischen Verfassung:

Art. 14 des **Grundgesetzes** lautet:

„(1) Das Eigentum und das Erbrecht werden gewährleistet. Inhalt und Schranken werden durch die Gesetze bestimmt.

(2) Eigentum verpflichtet. Sein Gebrauch soll zugleich dem Wohle der Allgemeinheit dienen.

(3) Eine Enteignung ist nur zum Wohle der Allgemeinheit zulässig. Sie darf nur durch Gesetz oder auf Grund eines Gesetzes erfolgen, das Art und Ausmaß der Entschädigung regelt. Die Entschädigung ist unter gerechter Abwägung der Interessen der Allgemeinheit und **der Beteiligten zu bestimmen. Wegen der Höhe der Entschädigung steht im Streitfalle der Rechtsweg vor den ordentlichen Gerichten offen."**

Art. 45 der **Hessischen Verfassung** lautet:

„(1) Das Privateigentum wird gewährleistet. Sein Inhalt und seine Begrenzung ergeben sich aus den Gesetzen. Jeder ist berechtigt, auf Grund der Gesetze Eigentum zu erwerben und darüber zu verfügen.

(2) Das Privateigentum verpflichtet gegenüber der Gemeinschaft. Sein Gebrauch darf dem Gemeinwohl nicht zuwiderlaufen. Es darf nur im öffentlichen Interesse, nur auf Grund eines Gesetzes, nur in dem darin vorgesehenen Verfahren und nur gegen angemessene Entschädigung eingeschränkt oder enteignet werden.

(3) Soweit die Gesetze nichts anderes bestimmen, sind für Streitigkeiten über Art und Höhe der Entschädigung die ordentlichen Gerichte zuständig.

(4) Das Erbrecht wird nach Maßgabe des bürgerlichen Rechts gewährleistet. Der Anteil des Staates am Nachlaß bestimmt sich nach dem Gesetz."

7. Als **Enteignungsgesetze** kommen folgende Vorschriften in Betracht:

Hess. Enteignungsgesetz vom 4. 4. 1973 (GVBl. I S. 107),
§§ 85 ff. BauGB.

Befugnisse des Eigentümers

§ 903 BGB

Der Eigentümer einer Sache kann, soweit nicht das Gesetz oder Rechte Dritter entgegenstehen, mit der Sache nach Belieben verfahren und andere von jeder Einwirkung ausschließen.

ANMERKUNGEN:

1. Das Eigentum hat nach § 903 BGB folgende Hauptwirkungen:

a) die positive Wirkung: der Eigentümer kann nach seinem Belieben mit dem Grundstück verfahren, und zwar rechtlich (z. B. durch Veräußerung oder Belastung) oder tatsächlich (z. B. durch Bebauung, Bepflanzung usw.);

b) die negative Wirkung: der Eigentümer kann jeden anderen von Einwirkungen auf das Grundstück ausschließen (z. B. das Betreten oder Befahren verbieten).

2. Die Einschränkungen des Herrschaftsrechts des Eigentümers sind zahlreich. Sie ergeben sich aus bürgerlichem Recht (insbesondere den Nachbarrechts-Bestimmungen, siehe die folgende Anm. 3), aus Vertrag, oder sie sind öffentlich-rechtlicher Natur (siehe unter Anm. 4).

3. Die nachbarrechtlichen Beschränkungen ergeben sich aus den §§ 906 bis 923 BGB und dem Hess.NRG. Sie sind in den nachstehenden Abschnitten ausführlich behandelt.

4. Die Beschränkungen des Eigentums durch öffentlich-rechtliche Vorschriften sind zahlreich. Sie legen dem Eigentümer gewisse Duldungspflichten auf oder verlangen von ihm in bestimmtem Umfang eigene Einwirkungen auf sein Grundstück. So kann z. B. dem Eigentümer zur Pflicht gemacht werden, sein Grundstück in bestimmter Weise zu bebauen; der Eigentümer muß der Feuerwehr gestatten, zur Brandbekämpfung sein Grundstück zu betreten; er kann auch verpflichtet werden, Maßnahmen zur Schädlingsbekämpfung auszuführen oder zu dulden.

Nachstehend einige wichtigere Gesetze, die Einschränkungen der Eigentumsrechte enthalten:

Baugesetzbuch,
Hess. Bauordnung i. d. F. vom 16. 12. 1977 (GVBl. 1978 S. 2) mit letzter Änderung vom 24. 3. 1986 (GVBl. S. 102),
Allg. VO zur Durchführung der Hess. Bauordnung vom 9. 5. 1977 (GVBl. S. 173),
Garagen VO vom 18. 5. 1977 (GVBl. S. 210) mit letzter Änderung vom 24. 11. 1983 (GVBl. S. 146),
Wasserhaushaltsgesetz,
Abstandsflächen-VO vom 27. 9. 1978 (GVBl. S. 531),
Hess. Wassergesetz,
Flurbereinigungsgesetz i. d. F. vom 16. 3. 1976 (BGBl. I S. 546) mit letzter Änderung vom 8. 12. 1986 (BGBl. I S. 2191),
Hess.Ausf.Gesetz zum Flurbereinigungsgesetz vom 1. 4. 1977 (GVBl. S. 151),
Gesetz über die Beschränkung der Nachbarrechte gegenüber Betrieben, die für die Volksertüchtigung von besonderer Bedeutung sind, vom 13. 12. 1933 (RGBl. I S. 1058),

Gesetz über die Beschränkung der Nachbarrechte gegenüber Betrieben, die für die Volksgesundheit von besonderer Bedeutung sind, vom 18. 10. 1935 (RGBl. I S. 1247),

BImmissionsSchG insbes. § 14 (vgl. Anm. 14 zu § 906 BGB, S. 83), Bundesnaturschutzgesetz i. d. F. vom 12. 3. 1987 (BGBl. I S. 889)
Hess. Naturschutzgesetz vom 19. 9. 1980 (GVBl. I S. 309) mit letzter Änderung vom 4. 11. 1987 (GVBl. I S. 193),
Bundeswaldgesetz vom 2. 5. 1975 (BGBl. I S. 1037) mit letzter Änderung vom 27. 7. 1984 (BGBl. I S. 1034)
VO zum Schutze der Wälder, Moore und Heiden gegen Brände vom 25. 6. 1938 (RGBl. I S. 700, 794),
Brandschutzhilfeleistungsgesetz vom 5. 10. 1970 (GVBl. I S. 585), VO über brennbare Flüssigkeiten i. d. F. vom 27. 2. 1980 (BGBl. I S. 229) mit Änderung vom 3. 5. 1982 (BGBl. I S. 569),
Gesetz zum Schutze der Kulturpflanzen i. d. F. vom 26. 8. 1949 (WiGBl. S. 308),
SchädlingsbekämpfungsVO vom 18. 5. 1971 (GVBl. I S. 111),
Hess. VO zur Schädlingsbekämpfung im Obstbau vom 25. 8. 1955 (GVBl. S. 51) mit Änderung vom 15. 10. 1970 (GVBl. S. 673),
VO zur Bekämpfung der Reblaus vom 20. 10. 1952 (GVBl. S. 159),
VO zur Bekämpfung des Maikäfers vom 18. 4. 1958 (GVBl. S. 57),
VO zur Bekämpfung des Borkenkäfers vom 6. 5. 1969 (GVBl. S. 68) mit letzter Änderung vom 13. 4. 1984 (GVBl. S. 122),
VO über Eingriffe in Natur und Landwirtschaft und die Pflicht zur Pflege von Grundstücken vom 4. 8. 1982 (GVBl. I S. 213),
Gesetz zum Schutze der Felder und Gärten gegen fremde Tauben und zur Aufhebung des Brieftaubengesetzes vom 5. 10. 1956 (GVBl. S. 145) i. d. F. vom 16. 3. 1970 (GVBl. S. 243),
Bundes-Abfallgesetz vom 27. 8. 1986 (BGBl. I S. 1410, 1501),
Hess. Abfallgesetz i. d. F. vom 11. 12. 1985 (GVBl. 1986 S. 19) mit Änderung vom 28. 8. 1986 (GVBl. I S. 253),
VO über die Beseitigung von pflanzlichen Abfällen außerhalb von Abfallbeseitigungsanlagen vom 17. 3. 1975 (GVBl. I S. 48).

5. Die zuletztgenannte VO vom 17. 3. 1975 hat u. a. für Gartenbesitzer Bedeutung, die Abfälle verbrennen wollen. Dies ist nur zulässig montags bis freitags von 8 bis 16 und samstags von 8 bis 12 Uhr. Zahlreiche Sicherheitsvorschriften sind zu beachten, z. B. sind bestimmte Abstände einzuhalten (100 m von Gebäuden, die zum Aufenthalt von Menschen bestimmt sind, von Zelten oder Lagerplätzen, 35 m von sonstigen Gebäuden, 5 m von Grundstücksgrenzen). Außerdem besteht Anmeldepflicht bei der Polizei.

Schikaneverbot

§ 226 BGB

Die Ausübung eines Rechtes ist unzulässig, wenn sie nur den Zweck haben kann, einem anderen Schaden zuzufügen.

ANMERKUNGEN:

1. Ein ihm zustehendes Recht darf der Berechtigte nicht ausüben, wenn er schikanös handelt. Dies ist ein allgemeiner Grundsatz des bürgerlichen Rechts, der auch für die nachbarrechtlichen Beziehungen Bedeutung hat.
   Schikane liegt nicht bereits dann vor, wenn bei der Ausübung eines Rechts ein anderer Schaden erleidet, wohl aber dann, wenn die Rechtsausübung keinen anderen Zweck verfolgt, als dem anderen Schaden zuzufügen.
   Beispiel: Errichtung eines unvernünftig hohen Bretterzaunes oder einer sehr hohen Mauer, die dem Eigentümer keinen Vorteil bringen, aber dem Nachbarn Licht und Sonne wegnehmen sollen; Verbot des Vaters an seine Kinder, das Grundstück zu betreten, auf dem die Mutter begraben ist (RGZ 72 S. 251).
2. Daß Schikane vorliegt, muß im Streitfalle derjenige beweisen, der sich hierauf beruft. Dies ist oft schwer, da der vermeintlich schikanös Handelnde vielfach auch belangvolle Gründe für sein Handeln vorbringen wird.
3. Für besondere Tatbestände (vgl. § 905 Satz 2, § 906 Abs. 1, § 910 Abs. 2 BGB) trifft das Gesetz Sonderregelungen, so daß es sich in diesen Fällen erübrigt, auf § 226 BGB zurückzugreifen.

Notstand

§ 904 BGB

Der Eigentümer einer Sache ist nicht berechtigt, die Einwirkung eines anderen auf die Sache zu verbieten, wenn die Einwirkung zur Abwendung einer gegenwärtigen Gefahr notwendig und der drohende Schaden gegenüber dem aus der Einwirkung dem Eigentümer entstehenden Schaden unverhältnismäßig groß ist. Der Eigentümer kann Ersatz des ihm entstehenden Schadens verlangen.

ANMERKUNGEN:

1. § 904 regelt den *Notstand* und gestattet, in fremde Rechte einzugreifen, ohne daß der andere dies verhindern darf. Bei dem Notstand geht nicht -- wie bei der Notwehr, § 228 BGB – die Gefahr von der Sache aus, die durch die Notwehrmaßnahme beschädigt oder zerstört wird. Vielmehr wird bei ihm auf eine Sache eingewirkt, die mit der drohenden Gefahr nicht im Zusammenhang steht. Diese Gefahr wird dadurch beseitigt, daß in fremde Rechte eingegriffen wird.
   Beispiel: Die eigene Mauer droht einzustürzen, dabei wird durch Stützmaßnahmen das fremde Grundstück beeinträchtigt, oder es wird fremdes Material in Anspruch genommen, da eigenes nicht vorhanden ist, um den Einsturz zu verhüten. Ein Kraftfahrer beschädigt bei einem notwendigen Ausweichmanöver einen fremden Gartenzaun oder die Anpflanzungen. Um den Angriff eines Hundes abzuwehren, wird vom fremden Staketenzaun eine Latte abgerissen.
2. Die Gefahr, die droht, kann sich gegen jedes Rechtsgut richten, vor allem gegen Leben, Gesundheit oder Sachen, die man im Besitz hat.
3. Es muß sich um eine *gegenwärtige* Gefahr handeln. Wenn diese bereits beseitigt ist, besteht nicht weiterhin das Recht, in fremde Rechte einzugreifen.
4. Ein Notstandsrecht besteht nur dann, wenn der drohende Schaden gegenüber dem aus der Einwirkung entstehenden Schaden unverhältnismäßig groß ist. Erhebliche Gefahr für Leib und Leben wiegt stets schwerer als Sachschaden.
5. Der beeinträchtigte Eigentümer kann stets Ersatz des durch den Eingriff entstandenen Schadens verlangen.

Notwehr
§ 228 BGB

Wer eine fremde Sache beschädigt oder zerstört, um eine durch sie drohende Gefahr von sich oder einem anderen abzuwenden, handelt nicht widerrechtlich, wenn die Beschädigung oder die Zerstörung zur Abwendung der Gefahr erforderlich ist und der Schaden nicht außer Verhältnis zu der Gefahr steht.

Hat der Handelnde die Gefahr verschuldet, so ist er zum Schadensersatze verpflichtet.

ANMERKUNGEN:

1. § 228 BGB enthält einen allgemeinen Rechtsgrundsatz und gilt auch für das Nachbarrecht. Er behandelt die Notstandsverteidigung oder Notwehr und gibt das Recht, auf eine fremde Sache, von der die Gefahr droht, einzuwirken, ohne daß der andere dies verbieten darf. Im Gegensatz hierzu handelt es sich bei dem Notstand des § 904 BGB um eine Einwirkung auf eine nicht selbst gefahrbringende Sache. Notwehr ist die Verteidigung, die erforderlich ist, um einen gegenwärtigen rechtswidrigen Angriff von sich oder einem anderen abzuwehren (§ 227 Abs. 2 BGB). Eine durch Notwehr begangene Handlung ist nicht widerrechtlich (§ 227 Abs. 1 BGB).
   Beispiele: Der von einem Hund (auch ein Tier ist eine Sache) Angegriffene verletzt diesen durch einen Schlag oder schießt ihn nieder; der Nachbar reißt die fremde Mauer nieder, deren Einsturz sein Treibhaus zu zerstören droht.

2. Der Angriff kann sich gegen jedes Rechtsgut richten, vor allem gegen Leben, Gesundheit und Sachen, die man im Besitz oder Eigentum hat.

3. Es muß sich um einen *gegenwärtigen,* nicht aber um einen erst später drohenden Angriff handeln. Die Gefahr darf auch nicht bereits vorüber sein. (*Beispiel:* Der Hund, der das Blumenbeet zerwühlt hat, ist bereits im Weglaufen.)

4. Der Schaden, der durch die Beschädigung oder Vernichtung der fremden Sache verursacht wird, muß zur Abwendung der Gefahr erforderlich sein, darf also nicht über das notwendige Maß hinausgehen (*Beispiel:* Man darf ein fremdes Huhn, das die Aussaat aufpickt, nicht erschießen, es reicht aus, es wegzujagen).
   Der entstehende Schaden darf auch nicht außer Verhältnis zur Gefahr stehen (*Beispiel:* Man darf den wertvollen Rassehund des Nachbarn nicht erschießen, wenn dieser ein Huhn zerreißen will).

5. Ein Schadensersatzanspruch besteht nur, wenn der in Notwehr Handelnde die Gefahr verschuldet hat, also z. B. den ihn angreifenden Hund zuvor gereizt hat.

Begrenzung des Eigentums
§ 905 BGB

Das Recht des Eigentümers eines Grundstücks erstreckt sich auf den Raum über der Oberfläche und auf den Erdkörper unter der Oberfläche. Der Eigentümer kann jedoch Einwirkungen nicht verbieten, die in solcher Höhe oder Tiefe vorgenommen werden, daß er an der Ausschließung kein Interesse hat.

ANMERKUNGEN:

1. Das Eigentum erfaßt nicht nur die Erdoberfläche, sondern auch den gesamten darüber befindlichen Luftraum und den Erdkörper unter der Oberfläche. In diesem gesamten Bereich kann der Eigentümer grundsätzlich alle Einwirkungen fremder Personen verbieten.

2. Der Eigentümer muß jedoch Einwirkungen Dritter dulden:
   a) in den Fällen des § 905 Satz 2 BGB: wenn die Einwirkungen in solcher Höhe oder solcher Tiefe vorgenommen werden, daß er an der Ausschließung fremder Personen kein Interesse hat; beweispflichtig ist insoweit der andere, das heißt der, welcher auf das Grundeigentum einwirken will;
   b) kraft öffentlichen Rechts; vgl. hierüber Anm. 4;
   c) auf Grund Vertrages (z. B. wenn vereinbart wird, daß eine Ferngasleitung durch das Grundstück gelegt wird) oder auf Grund gesetzlich fixierter Vertragsbedingungen; so sehen die Verordnungen über allgemeine Bedingungen für die Gasversorgung bzw. die Elektrizitätsversorgung vom 21. 6. 1979 (BGBl. I S. 676 und 684) jeweils in ihrem § 8 vor, daß die Eigentümer, die mit einem Versorgungsunternehmen einen Vertrag über die Lieferung von Energie abgeschlossen haben, diesem die Verlegung von Leitungen über sein Grundstück gestatten müssen, ferner das Anbringen von Leitungen, Kabeln usw. für Zwecke der örtlichen Versorgung;

d) nach den §§ 30 ff. Hess.NRG: der Nachbar kann unter bestimmten Voraussetzungen *Versorgungs- und Abwasserleitungen* durch ein fremdes Grundstück legen.

3. Die Regierungsvorlage des Hess.NRG enthielt ursprünglich eine Einschränkung der Herrschaftsrechte des Grundstückseigentümers, wonach in gewissen Fällen ein Eindringen in den Luftraum, z. B. durch erhabene Wandverzierungen, durch überragende Gesimse, durch Fensterläden, Markisen und Jalousien sowie durch das Aufschlagen von Fenstern und Läden gestattet werden sollte.

Diese Regelung ist nicht Gesetz geworden. Solche Beeinträchtigungen sind daher nur mit Zustimmung des beeinträchtigten Nachbarn zulässig, oder es muß der Fall des § 905 Satz 2 BGB vorliegen; vgl. hierüber Anm. 2a.

4. Die wichtigsten Einschränkungen durch das *öffentliche Recht* sind folgende:

a) Das Telegrafenwegegesetz vom 18. 12. 1899 (RGBl. S. 705) mit Änderung vom 1. 6. 1980 (BGBl. I S. 649) läßt zu, daß *Telegrafen- und Fernsprechleitungen* auch über Privatgrundstücke geführt werden, wenn hierdurch nicht die Benutzung des Grundstücks nach den z. Z. der Herstellung der Anlage bestehenden Verhältnissen wesentlich beeinträchtigt wird; vgl. Vorbem. 1 zu Abschn. XI B, S. 106.

b) Das Luftverkehrsgesetz vom 14. 1. 1981 (BGBl. I S. 61) mit letzter Änderung vom 26. 11. 1986 (BGBl. I S. 2089) erlaubt die Benutzung des Luftraums über fremden Grundstücken durch Luftfahrzeuge jeder Art und verbietet in gewissem Umfang die Errichtung von Bauwerken.

c) Weitere Beschränkungen ergeben sich insbesondere aus dem Bundes-Berggesetz vom 13. 8. 1980 (BGBl. I S. 1310) mit letzter Änderung vom 8. 12. 1986 (BGBl. I S. 2191).

5. § 41 Abs. 1 Hess.BauO enthält folgende Vorschrift:

Für Balkone, Erker und andere Vorbauten sowie für Hauslauben (Loggien) gelten die Vorschriften für Wände, Decken und Dächer entsprechend...

(Die Vorschriften, auf die verwiesen wird, regeln insbesondere die Ausgestaltung, Standsicherheit und Dauerhaftigkeit; sie besagen, daß Dächer die Niederschläge sicher ableiten müssen.)

Diese Regelung ist offensichtlich rein öffentlich-rechtlicher Natur; sie besagt nichts darüber, ob und in welchem Umfang der Nachbar zur Duldung solcher Ausladungen verpflichtet ist.

III

Grenzverhältnisse

VORBEMERKUNGEN:

1. **Grundstück** im Rechtssinn ist die Grundstücksparzelle, die entweder auf einem besonderen Grundbuchblatt oder, wenn mehrere Grundstücke auf demselben Grundbuchblatt stehen, auf diesem unter einer besonderen Nummer des Bestandsverzeichnisses eingetragen ist. Die **Grenzen** eines Grundstücks sind gedachte, von der Vermessungsbehörde festgelegte Linien. Sie sind durch Grenzeinrichtungen (Mauern, Hecken usw., vgl. § 921 BGB; S. 34) oder meist durch Steine oder Pflöcke kenntlich gemacht.

2. Die festen **Grenzzeichen** setzen die Vermessungsbeamten. Maßgebend ist das Abmarkungsgesetz vom 3. 7. 1956 (GVBl. S. 124) i. d. F. vom 6. 2. 1962 (GVBl. S. 13) und 16. 3. 1970 (GVBl. S. 231). Dieses bestimmt:

„Die Grundstückseigentümer sind verpflichtet, die Grenzen ihrer Grundstücke dauerhaft abmarken zu lassen, soweit die Grenzen nicht bereits durch Grenzsteine, Gebäude- oder Mauerecken oder in anderer Weise hinreichend erkennbar festgelegt sind. Ungeeignete Grenzmale sind durch neue zu ersetzen, entbehrliche zu entfernen." (§ 1 Abs. 1).

„Ist eine Grundstücksgrenze nach den Vorschriften dieses Gesetzes in Übereinstimmung mit dem Katasternachweis abgemarkt, so wird vermutet, daß die abgemarkte Grenze die richtige ist." (§ 1 Abs. 3).

„Die Eigentümer von Grundstücken und Bauwerken haben zu dulden, daß diese für die Abmarkung von Dreiecks-, Polygon- und Höhenfestpunkten sowie von sonstigen Vermessungspunkten in Anspruch genommen werden." (§ 2 Abs. 1).

„Wer mit den örtlichen Arbeiten zur Durchführung dieses Gesetzes beauftragt ist, ist in Erfüllung dieses Auftrags berechtigt, Grundstücke zu betreten und die nach seinem Ermessen erforderlichen Arbeiten auf ihnen auszuführen. Für hierdurch entstehende Flurschäden hat Ersatz zu leisten, wer die Kosten der Maßnahme trägt." (§ 17).

3. Die Grenzzeichen sind amtliche Zeichen. Wer ein Grenzzeichen vernichtet, wegnimmt, verrückt oder unkennt-

lich macht, kann nach § 274 Abs. 1 Nr. 2 StGB oder nach § 25 Abs. 1 des Abmarkungsgesetzes bestraft werden.

4. Nach § 17 des Ortsgerichtsgesetzes i. d. F. vom 2. 4. 1980 (GVBl. S. 114) sind die Ortsgerichte zuständig, auf Antrag eines Beteiligten oder auf Ersuchen einer Behörde bei der Feststellung und Erhaltung der Grenzen der Grundstücke, insbesondere bei der Errichtung fester Grenzzeichen, mitzuwirken.

Abmarkung
§ 919 BGB

Der Eigentümer eines Grundstücks kann von dem Eigentümer eines Nachbargrundstücks verlangen, daß dieser zur Errichtung fester Grenzzeichen und, wenn ein Grenzzeichen verrückt oder unkenntlich geworden ist, zur Wiederherstellung mitwirkt.

Die Art der Abmarkung und das Verfahren bestimmen sich nach den Landesgesetzen; enthalten diese keine Vorschriften, so entscheidet die Ortsüblichkeit.

Die Kosten der Abmarkung sind von den Beteiligten zu gleichen Teilen zu tragen, sofern nicht aus einem zwischen ihnen bestehenden Rechtsverhältnisse sich ein anderes ergibt.

ANMERKUNGEN:

1. Gegenstand des Abmarkungsverfahrens ist nicht die Ermittlung einer strittigen Grenze, sondern die Festlegung und Sicherung einer *unstreitigen* Grenze. Jeder Nachbar hat einen Anspruch darauf, daß der andere hierbei mitwirkt. Voraussetzung hierfür ist, daß der Grenzverlauf nicht einwandfrei feststeht; das ist der Fall, wenn ein Grenzzeichen verrückt worden oder unkenntlich geworden ist.

2. Die Mitwirkung kann durch Klage erzwungen werden. Zuständig für die Klage ist nach § 24 ZPO – je nach dem Streitwert – das Amts- oder Landgericht, in dessen Bezirk die Grundstücke liegen.

3. Für das Abmarkungsverfahren ist das Abmarkungsgesetz maßgebend (vgl. Vorbem. 2). Wegen der Mitwirkung der Ortsgerichte bei der Feststellung und Erhaltung der Grenzen vgl. Vorbem. 4.

4. Die Kosten der Abmarkung der gemeinsamen Grenze haben die beiden Nachbarn zu gleichen Teilen zu tragen, soweit sich nicht aus besonderen Gründen etwas anderes ergibt. Dies ist der Fall, wenn vertragliche Abmachungen bestehen, die Gegenteiliges vorsehen, oder wenn einer der Nachbarn die Grenzzeichen vorsätzlich oder fahrlässig beseitigt oder verrückt, etwa ausgepflügt oder beim Pflügen verschoben hat. Die Kosten eines etwa vorangegangenen Rechtsstreits hat allein der zu tragen, dem das Gericht die Kosten des Prozesses auferlegt hat.

5. Der Anspruch aus § 919 BGB unterliegt nach § 924 BGB nicht der Verjährung.

Grenzverwirrung

§ 920 BGB

Läßt sich im Falle einer Grenzverwirrung die richtige Grenze nicht ermitteln, so ist für die Abgrenzung der Besitzstand maßgebend. Kann der Besitzstand nicht festgestellt werden, so ist jedem der Grundstücke ein gleich großes Stück der streitigen Fläche zuzuteilen.

Soweit eine diesen Vorschriften entsprechende Bestimmung der Grenze zu einem Ergebnisse führt, das mit den ermittelten Umständen, insbesondere mit der feststehenden Größe der Grundstücke, nicht übereinstimmt, ist die Grenze so zu ziehen, wie es unter Berücksichtigung dieser Umstände der Billigkeit entspricht.

ANMERKUNGEN:

1. Hier handelt es sich nicht wie bei § 919 BGB um die Sicherung einer unstreitigen Grenze. Vielmehr ist der Grenzverlauf *strittig*, das heißt, jeder der Nachbarn nimmt einen bestimmten Grenzstreifen für sich in Anspruch, ohne daß die

Wahrheit oder Unwahrheit der sich widersprechenden Behauptungen durch vorhandene Grenzzeichen festgestellt werden kann.

2. Die Nachbarn können sich über den Grenzverlauf gütlich einigen, indem sie z. B. die von der Vermessungsbehörde ermittelte Grenze als bindend anerkennen. Jeder der Nachbarn kann auch Klage auf Feststellung der Grenze oder auf Herausgabe des von dem andern zu Unrecht benutzten Streifens gemäß § 985 BGB erheben. Der Kläger muß in dem Rechtsstreit die von ihm in Anspruch genommene Fläche bezeichnen und sein Recht beweisen.
3. Kann der Kläger Behauptungen über den Grenzverlauf nicht machen, so kann er nach § 920 BGB auch Klage auf richterliche Festsetzung der Grenze (Grenzscheidungsklage) erheben. Das Gericht verfährt hierbei nach den Richtlinien, die § 920 BGB gibt. Das Urteil setzt die Grenzen bindend fest.
4. Die Klage ist nach § 24 ZPO – je nach dem Streitwert – bei dem Amts- bzw. Landgericht zu erheben, in dessen Bezirk die Grundstücke liegen.
5. Der Anspruch aus § 920 BGB unterliegt nach § 924 BGB nicht der Verjährung.

Grenzeinrichtungen

§ 921 BGB

Werden zwei Grundstücke durch einen Zwischenraum, Rain, Winkel, einen Graben, eine Mauer, Hecke, Planke oder eine andere Einrichtung, die zum Vorteile beider Grundstücke dient, voneinander geschieden, so wird vermutet, daß die Eigentümer der Grundstücke zur Benutzung der Einrichtung gemeinschaftlich berechtigt seien, sofern nicht äußere Merkmale darauf hinweisen, daß die Einrichtung einem der Nachbarn allein gehört.

§ 922 BGB

Sind die Nachbarn zur Benutzung einer der im § 921 bezeichneten Einrichtungen gemeinschaftlich berechtigt, so kann jeder sie zu dem Zwecke, der sich aus ihrer Beschaffenheit ergibt, insoweit benutzen, als nicht die Mitbenutzung des anderen beeinträchtigt wird. Die Unterhaltungskosten sind von den

Nachbarn zu gleichen Teilen zu tragen. Solange einer der Nachbarn an dem Fortbestande der Einrichtung ein Interesse hat, darf sie nicht ohne seine Zustimmung beseitigt oder geändert werden. Im übrigen bestimmt sich das Rechtsverhältnis zwischen den Nachbarn nach den Vorschriften über die Gemeinschaft.

ANMERKUNGEN:

1. § 921 BGB nennt einige typische gemeinsame Grenzeinrichtungen und stellt eine Vermutung nur für die Benutzung auf. Danach wird vermutet, daß die Grenzeinrichtungen gemeinschaftlich benutzt werden dürfen. Dies gilt nicht, wenn äußere Merkmale darauf hinweisen, daß die Einrichtung einem der Nachbarn allein gehört. Dies ist im Einzelfall Tatfrage; die Ausnahme ist von dem zu beweisen, der ein alleiniges Nutzungsrecht in Anspruch nimmt.
2. § 921 BGB regelt nicht die Eigentumsverhältnisse an der Grenzeinrichtung. Für sie gelten die allgemeinen Vorschriften: jeder Nachbar ist grundsätzlich Eigentümer des auf seinem Grundstück stehenden Teils (§§ 94, 946 BGB). *Ausnahmen* bestehen beim *Überbau* (§ 912 BGB, vgl. S. 38), bei der *Nachbarwand* (§§ 1 bis 7 Hess.NRG, S. 44 ff.), bei der auf der Grenze errichteten *Einfriedung* (Anm. 5 zu § 14 Hess. NRG, S. 72) und dann, wenn es sich um sogenannte *Scheinbestandteile* im Sinne des § 95 Abs. 1 BGB handelt, das heißt das Bauwerk in Ausübung eines Rechts an einem fremden Grundstück von dem Berechtigten mit dem Grundstück verbunden worden ist.
3. Das vom Gesetz gewährte Mitbenutzungsrecht kann nicht in das Grundbuch eingetragen werden. Dies ist nur auf Grund besonderer Vereinbarungen zwischen den Nachbarn möglich.
4. § 922 BGB regelt des näheren die Beziehungen zwischen den Nachbarn. Ergänzend kommen die Vorschriften über die Gemeinschaft in Betracht, nämlich § 743 Abs. 1, §§ 744 bis 746 und § 748 BGB. Diese lauten:

„Jedem Teilhaber gebührt ein seinem Anteil entsprechender Bruchteil der Früchte." (§ 743 Abs. 1 BGB).

„Die Verwaltung des gemeinschaftlichen Gegenstandes steht den Teilhabern gemeinschaftlich zu.

Jeder Teilhaber ist berechtigt, die zur Erhaltung des Gegenstandes notwendigen Maßregeln ohne Zustimmung der anderen Teilhaber zu treffen; er kann verlangen, daß diese ihre Einwilligung zu einer solchen Maßregel im voraus erteilen." (§ 744 BGB).

„Durch Stimmenmehrheit kann eine der Beschaffenheit des gemeinschaftlichen Gegenstandes entsprechende ordnungsmäßige Verwaltung und Benutzung beschlossen werden. Die Stimmenmehrheit ist nach der Größe der Anteile zu berechnen.

Jeder Teilhaber kann, sofern nicht die Verwaltung und Benutzung durch Vereinbarung oder durch Mehrheitsbeschluß geregelt ist, eine dem Interesse aller Teilhaber nach billigem Ermessen entsprechende Verwaltung und Benutzung verlangen.

Eine wesentliche Veränderung des Gegenstandes kann nicht beschlossen oder verlangt werden. Das Recht des einzelnen Teilhabers auf einen seinem Anteil entsprechenden Bruchteil der Nutzungen kann nicht ohne seine Zustimmung beeinträchtigt werden." (§ 745 BGB).

„Haben die Teilhaber die Verwaltung und Benutzung des gemeinschaftlichen Gegenstandes geregelt, so wirkt die getroffene Bestimmung auch für und gegen die Sondernachfolger." (§ 746 BGB).

„Jeder Teilhaber ist den anderen Teilhabern gegenüber verpflichtet, die Lasten des gemeinschaftlichen Gegenstandes sowie die Kosten der Erhaltung, der Verwaltung und einer gemeinschaftlichen Benutzung nach dem Verhältnisse seines Anteils zu tragen." (§ 748 BGB).

5. Wegen der engen Reihe, die das Hess.NRG nicht regelt, vgl. Abschn. I Nr. 6, S. 10.

IV

Grenzüberbauten

A. Überbau

VORBEMERKUNGEN:

1. Ein Bauherr kann dadurch über die Grenze seines Grundstücks hinausbauen, daß er entweder die Fundamente des Bauwerks teilweise auf das Nachbargrundstück setzt oder daß er bei der Errichtung des Gebäudes in den fremden Luftraum (vgl. Anm. 1 zu § 905, S. 28), z. B. einen Balkon, hinausbaut. Es handelt sich in diesen Fällen um einen Überbau. Bei ihm unterscheidet man den

a) sog. *rechtmäßigen Überbau* (§§ 912 bis 916 BGB, er wird anschließend behandelt) und

b) sog. *unrechtmäßigen Überbau* (hierüber Vorbem. 2).

2. Ein unrechtmäßiger Überbau liegt vor, wenn

a) dem Bauherrn bei der Grenzüberschreitung Vorsatz oder grobe Fahrlässigkeit zur Last fällt oder

b) dies zwar nicht der Fall ist, aber trotz des sofortigen Widerspruchs des beeinträchtigten Nachbarn weitergebaut wird oder

c) das Gebäude nicht durch den Grundstückseigentümer oder den Erbbauberechtigten errichtet wird.

Bei dem unrechtmäßigen Überbau kann der beeinträchtigte Nachbar Beseitigung des Überbaus verlangen (§§ 903, 905, 1004 BGB). Eigentümer des überbauten Teils wird der beeinträchtigte Nachbar.

3. Auch bei der Nachbarwand handelt es sich um einen Überbau. Vgl. hierüber weiteres unten unter B.

4. Auch wenn der Überbau vor dem Inkrafttreten des BGB (1. 1. 1900) vorgenommen worden ist, gelten die §§ 912 bis 916 BGB (Art. 181 Abs. 1 EGBGB).

Duldungspflicht

§ 912 BGB

Hat der Eigentümer eines Grundstücks bei der Errichtung eines Gebäudes über die Grenze gebaut, ohne daß ihm Vorsatz oder grobe Fahrlässigkeit zur Last fällt, so hat der Nachbar den Überbau zu dulden, es sei denn, daß er vor oder sofort nach der Grenzüberschreitung Widerspruch erhoben hat.

Der Nachbar ist durch eine Geldrente zu entschädigen. Für die Höhe der Rente ist die Zeit der Grenzüberschreitung maßgebend.

ANMERKUNGEN:

1. Der Nachbar muß den (sogenannten *rechtmäßigen*) Überbau dulden, wenn
   a) Bauherr der *Eigentümer* oder *Erbbauberechtigte* des Nachbargrundstückes ist,
   b) es sich um die Errichtung eines *Gebäudes* handelt (vgl. Anm. 2),
   c) dem Bauherrn nur leichte Fahrlässigkeit bei dem Überbau zur Last fällt, etwa weil die Grenzverhältnisse unklar sind und der Bauherr trotz gewissenhafter Prüfung sich keine Klarheit über den Grenzverlauf verschaffen konnte, und
   d) der Nachbar nicht vor oder sofort nach der Grenzüberschreitung widerspricht.

2. Gebäude (Anm. 1b) sind selbständig benutzbare, überdeckte bauliche Anlagen, die von Menschen betreten werden können und geeignet oder bestimmt sind, dem Schutze von Menschen, Tieren oder Sachen zu dienen (vgl. § 2 Abs. 2 Hess. BauO). Nicht darunter fallen z. B. Mauern, Zäune, Taubenschläge, Bienenstöcke, Backöfen.

3. Der Überbau muß sich nicht notwendig auf das Fundament erstrecken. Auch bei einem Übergreifen des Gebäudes in den fremden Luftraum (z. B. durch Anbringen eines Balkons, Giebels, durch Ausbuckelung einer Mauer) liegt ein Überbau vor. Unerheblich ist es, wie weit der Überbau in das fremde Grundstück hineinreicht (vgl. Abbildungen 1 bis 3).

4. Der Überbau steht, wenn die in Anm. 1 genannten Voraussetzungen vorliegen, nach herrschender Meinung im Eigen-

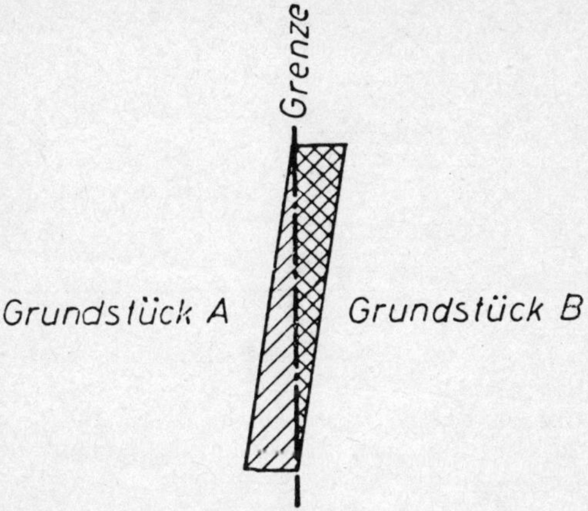

Abb. 1: Zum Teil übergebaute Mauer (Grundriß)

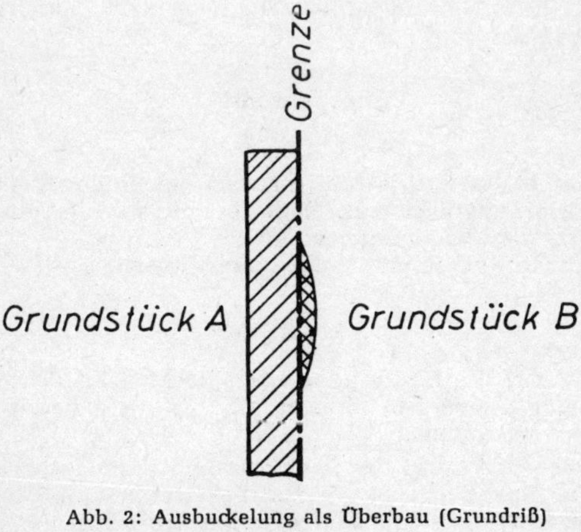

Abb. 2: Ausbuckelung als Überbau (Grundriß)

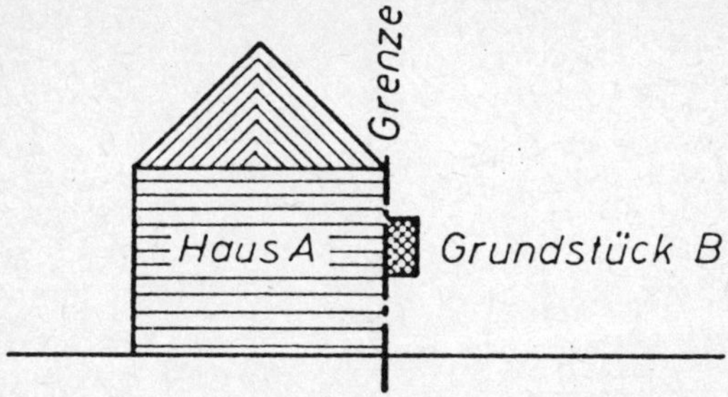

Abb. 3: Balkon als Überbau

tum des Überbauenden. Die überbaute Grundstücksfläche verbleibt jedoch im Eigentum des beeinträchtigten Nachbarn.

5. Als *Entschädigung* für die Duldungspflicht steht dem beeinträchtigten Nachbarn die Überbaurente zu (vgl. §§ 913, 914 BGB). Im Streitfalle hat das Gericht über die Höhe der Rente zu entscheiden.
6. Die gesetzliche Duldungspflicht kann nicht in das Grundbuch eingetragen werden.

Überbaurente

§ 913 BGB

Die Rente für den Überbau ist dem jeweiligen Eigentümer des Nachbargrundstücks von dem jeweiligen Eigentümer des anderen Grundstücks zu entrichten.
Die Rente ist jährlich im voraus zu entrichten.

§ 914 BGB

Das Recht auf die Rente geht allen Rechten an dem belasteten Grundstück, auch den älteren, vor. Es erlischt mit der Beseitigung des Überbaues.

Das Recht wird nicht in das Grundbuch eingetragen. Zum Verzicht auf das Recht sowie zur Feststellung der Höhe der Rente durch Vertrag ist die Eintragung erforderlich.

Im übrigen finden die Vorschriften Anwendung, die für eine zugunsten des jeweiligen Eigentümers eines Grundstücks bestehende Reallast gelten.

ANMERKUNGEN:

1. § 913 Abs. 1 BGB bestimmt, wer die Rente zu zahlen hat und wer als Empfänger in Betracht kommt. Auch wer gutgläubig das Grundstück des Zahlungspflichtigen erwirbt, ist zur Zahlung der Rente verpflichtet.
2. § 913 Abs. 2 und § 914 Abs. 1 BGB treffen nähere Regelung über Fälligkeit, Rang und Erlöschen der Rente.
3. Das Recht auf die Rente wird nicht in das Grundbuch eingetragen (§ 914 Abs. 2 BGB). Einzutragen ist aber ein Verzicht auf die Rente und eine vertragliche Feststellung der Höhe der Rente; ohne diese Eintragungen ist eine Wirkung gegen Dritte nicht möglich.
4. Nach § 914 Abs. 3 BGB sind ergänzend die Vorschriften über die Reallast entsprechend anwendbar. Es handelt sich hierbei um die §§ 1107, 1108, 1109 Abs. 2, § 1110 BGB.

Abkauf des überbauten Grundstücksteils

§ 915 BGB

Der Rentenberechtigte kann jederzeit verlangen, daß der Rentenpflichtige ihm gegen Übertragung des Eigentums an dem überbauten Teile des Grundstücks den Wert ersetzt, den dieser Teil zur Zeit der Grenzüberschreitung gehabt hat. Macht er von dieser Befugnis Gebrauch, so bestimmen sich die Rechte und Verpflichtungen beider Teile nach den Vorschriften über den Kauf.

Für die Zeit bis zur Übertragung des Eigentums ist die Rente fortzuentrichten.

ANMERKUNGEN:

1. Abs. 1 legt fest, daß der durch den Überbau beeinträchtigte Grundstückseigentümer (der Rentenberechtigte) von dem Nachbarn, der übergebaut hat (dem Rentenverpflichteten), einseitig verlangen kann, den überbauten Grundstücksteil zu erwerben.

2. Für die Rechte und Pflichten beider Nachbarn gelten die Vorschriften über den Kauf (§§ 433 ff. BGB). Formvorschriften bestehen für das Verlangen des beeinträchtigten Nachbarn nicht. § 313 BGB, der bei Grundstücken notarielle Beurkundung des Verpflichtungsgeschäfts vorsieht, ist nicht anwendbar.
3. Der Anspruch aus § 915 BGB unterliegt nicht der Verjährung (§ 924 BGB).

Beeinträchtigung Sonstiger
§ 916 BGB

Wird durch den Überbau ein Erbbaurecht oder eine Dienstbarkeit an dem Nachbargrundstücke beeinträchtigt, so finden zugunsten des Berechtigten die Vorschriften der §§ 912 bis 914 entsprechende Anwendung.

ANMERKUNGEN:

1. Wegen des Erbbaurechts vgl. Erbbaurechts-VO vom 15. 1. 1919 (RGBl. S. 72) mit letzter Änderung vom 8. 6. 1988 (BGBl. I S. 710).
2. Wegen der Dienstbarkeiten vgl. §§ 1018 ff. (Grunddienstbarkeiten), §§ 1030 ff. (Nießbrauch), §§ 1090 ff. BGB (beschränkte persönliche Dienstbarkeiten).
3. Die Vorschrift ist entsprechend anwendbar für Dauerwohnberechtigte nach dem Wohnungseigentumsgesetz vom 15. 3. 1951 (BGBl. I S. 175) mit letzter Änderung vom 14. 12. 1984 (BGBl. I S. 1493).

B. Nachbarwand

VORBEMERKUNGEN:

1. **Nachbarwand** ist nach § 1 Abs. 1 Hess.NRG die auf der Grenze zweier Grundstücke errichtete Wand, die den auf diesen Grundstücken errichteten oder zu errichtenden **Bauwerken** als Abschlußwand oder zur Unterstützung oder Aussteifung dient oder dienen soll. Auch bei der Nachbarwand handelt es sich um einen Überbau.

2. Über die Entwicklung der früheren Kommunmauer zur Nachbarwand läßt sich – entsprechend der amtlichen Begründung zum Hess.NRG (Landtags-Drucksache Abt. I Nr. 1092/IV. Wahlperiode) – folgendes sagen:

a) § 13 der Bau-Ambts-Ordnung in Städten, Flecken und Dörffern außer der Stadt Mayntz in Verbindung mit § 18 der Bau-Ambts-Ordnung in der Stadt Mayntz (Titel VII der Mayntzer Lands-Ordnung) sowie das Frankfurter Recht (Teil 8 Titel I § 6 der Frankfurter Reformation vom 10. 9. 1611, die Frankfurter Ratsverordnung vom 7. 2. 1708 sowie Kap. I §§ 11 bis 13 des Frankfurter Baustatuts vom 11. 6. 1809) enthielten für den Nachbarn die Verpflichtung, durch Hergabe von Baugrund und Übernahme von Baukosten bei der Herstellung einer gemeinsamen Mauer mitzuwirken. Im früheren Volksstaat Hessen stand nach Art. 46 Abs. 2 bis 6 der Allgemeinen Bauordnung in der Fassung des Art. 278 Hess.AGBGB dem Grundeigentümer, der an eine schon bestehende Brandmauer ohne Errichtung einer eigenen anbauen will, das Recht zu, gegen angemessene Geldentschädigung von dem Nachbarn die Einräumung einer entsprechenden Dienstbarkeit zu verlangen.

b) § 13 der Bau-Ambts-Ordnung in Städten, Flecken und Dörffern außer der Stadt Mayntz in Verbindung mit § 23 der Bau-Ambts-Ordnung in der Stadt Mayntz (Titel VII der Mayntzer Lands-Ordnung) führte ins einzelne gehende Merkmale auf, an denen abgelesen werden sollte, ob eine Mauer gemeinschaftlich war oder nicht. Das im Gebiet des früheren Volksstaats Hessen geltende Recht nahm, da es nur die Bestellung einer Dienstbarkeit vorschrieb, Alleineigentum des Erbauers an der Wand an. Nach Frankfurter Recht entstand nur bei gemeinschaftlicher Errichtung der Mauer durch die Nachbarn Miteigentum an ihr, während die ohne Mitwirkung des anderen Grundeigentümers erbaute Mauer so lange im Alleineigentum des Erbauers verblieb, bis der Nachbar durch Zahlung der anteiligen Kosten das Miteigentumsrecht für sich auslöste; Kap. I § 13 des Frankfurter Baustatuts von 1809 verpflichtete den untätig gebliebenen Nachbarn, das Miteigentum durch entsprechende Zahlung zu erwerben. Nach den §§ 40 bis 43 der Kurhessischen Bauordnung vom 9. 1. 1784 ergab sich die Antwort auf die Frage nach dem Allein- oder Miteigentum der beiden Nachbarn an der Mauer aus der ungleichmäßigen oder gleichmäßigen Art ihrer Benutzung.

c) § 13 der Bau-Ambts-Ordnung in Städten, Flecken und Dörffern außer der Stadt Mayntz in Verbindung mit § 21 der Mayntzer Bau-Ambts-Ordnung in der Stadt Mayntz (Titel VII der Mayntzer Lands-Ordnung) gab jedem Grundeigentümer das Recht, auch ohne Zustimmung des Nachbarn die gemeinschaftliche Mauer zu erhöhen; aber erst nach Erstattung der halben Kosten durfte der Nachbar die Erhöhung mitbenutzen. Das Recht zur Erhöhung der ganzen Nachbarwand gewährten auch § 4 Teil 8 Titel IV der Frankfurter Reformation, Kap. 1 § 14 sowie Kap. 4 § 4 des Frankfurter Baustatuts, ferner für den Bereich des früheren Volksstaats Hessen Art. 82 und Art. 178 Hess.AGBGB und für den Geltungsbereich des Rheinischen Rechts Art. 23 § 1 I Preuß.AGBGB. Im Gegensatz hierzu erlaubte § 21 der Kurhessischen Bauordnung vom 9. Januar 1784 nur die Erhöhung der auf dem eigenen Grundstück stehenden Mauerhälfte.

d) Nach Art. 23 § 3 Preuß.AGBGB durfte die Verstärkung der Nachbarwand nur auf dem Grundstück oder auf der Seite dessen angebracht werden, der sie vornehmen wollte.

e) Der Entwurf zum Bundesbaugesetz (Bundestags-Drucksache Nr. 336/III. Wahlperiode) enthielt in dem Abschnitt „Bauliches Nachbarrecht", der nicht Gesetz geworden ist, in den §§ 165 bis 167 Vorschriften über die Errichtung einer Nachbarwand, den Anbau an eine Nachbarwand und die Erhöhung der Nachbarwand. Das Hess.NRG hat die Grundgedanken dieser Vorschriften übernommen. Im Gegensatz zu diesen macht es allerdings die Zulässigkeit der Errichtung einer Nachbarwand auch noch davon abhängig, daß die beiden Grundstückseigentümer eine dahingehende Vereinbarung treffen. Denn es besteht kein zwingender Grund dafür, daß in jedem Falle, in dem baurechtlich die Errichtung einer Nachbarwand zulässig ist, eine solche auch gefordert werden müßte.

3. Das Hess.NRG ist am 1. 11. 1962 in Kraft getreten (§ 49). Auch der Umfang von Rechten, die vorher begründet worden sind, richtet sich seit dem 1. 11. 1962 nach den Vorschriften des Hess.NRG (§ 46 Hess.NRG).

4. Nach § 45 Hess.NRG können die beteiligten Nachbarn andere Vereinbarungen treffen, als das Gesetz vorsieht.

Errichten einer Nachbarwand

§ 1 Hess.NRG

(1) Nachbarwand ist die auf der Grenze zweier Grundstücke errichtete Wand, die den auf diesen Grundstücken errichteten oder zu errichtenden Bauwerken als Abschlußwand oder zur Unterstützung oder Aussteifung dient oder dienen soll.

(2) Der Eigentümer eines Grundstücks darf eine Nachbarwand errichten, wenn

1. die Bebauung seines und des benachbarten Grundstücks bis an die Grenze vorgeschrieben oder zugelassen ist und

2. der Eigentümer des benachbarten Grundstücks einwilligt.

ANMERKUNGEN:

1. Die Nachbarwand – früher als Kommunmauer bezeichnet – ist nicht wie die Grenzmauer (vgl. die §§ 8 bis 10 Hess.NRG) bis an die Grenze des Grundstücks herangebaut; sie steht vielmehr zum Teil *auf dem Nachbargrundstück* (vgl. Abbildung 4). Die Bezeichnung Kommunmauer ist aufgegeben worden, weil der Begriff Mauer bei den heute vielfach üblichen

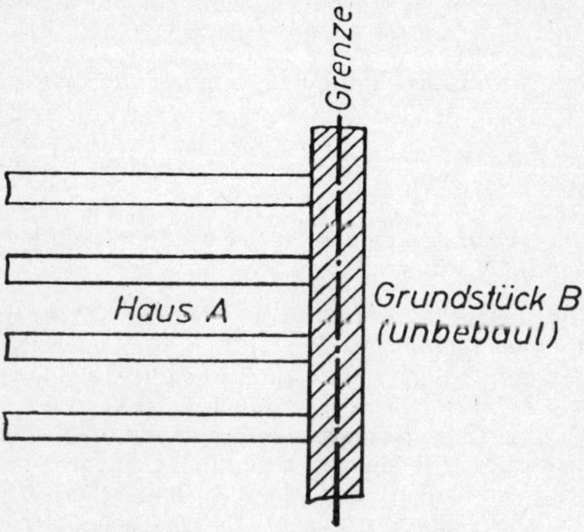

Abb. 4: Nachbarwand (Grundriß)

Betonkonstruktionen zu eng erschien. Unter Bauwerk sind nicht nur Gebäude zu verstehen. § 2 Hess.BauO gibt für Bauwerke folgende Begriffsbestimmung: „Bauliche Anlagen sind mit dem Erboden verbundene, aus Baustoffen oder Bauteilen hergestellte Anlagen."

2. Die Nachbarwand kann aus Backsteinen, Beton, Stahlbeton oder Fertigteilen bestehen. Holzwände werden im allgemei-

nen nicht in Betracht kommen, da sie nicht die erforderliche Standfestigkeit haben, um die Belastung beider Bauwerke zu tragen.

3. Außer der Einwilligung des Eigentümers des benachbarten Grundstücks in die Errichtung der Nachbarwand ist Voraussetzung für ihre Zulässigkeit, daß das Bauen *beiderseits* bis an die Grenze vorgeschrieben oder zugelassen ist. Darüber hinaus dürfen dem Bauvorhaben keine öffentlich-rechtlichen Vorschriften entgegenstehen (§ 45 Hess.NRG).

4. Die *Kosten* für die Errichtung der Nachbarwand hat der Bauherr allein zu tragen.

5. Die *Eigentumsverhältnisse* an der Nachbarwand richten sich nach dem BGB. Danach gilt folgendes:

a) Bis zum Anbau ist Eigentümer der Nachbarwand der Nachbar, der die Nachbarwand errichtet hat.

b) Wie die Eigentumsverhältnisse nach dem Anbau sind, ist strittig; viele (so der Bundesgerichtshof) nehmen Eigentum nach Bruchteilen an, andere (herrschende Meinung) Eigentum des Anbauenden, soweit die Nachbarwand auf seinem Grundstück steht, wieder andere glauben, daß auch nach dem Anbau der bisherige Eigentümer unverändert sein Eigentum an der ganzen Wand behält. Das Hess.NRG konnte keine Klärung dieser Zweifelsfragen bringen, da der Landesgesetzgeber zur Änderung von Bundesrecht nicht befugt ist.

6. Da die Nachbarwand nur mit Einwilligung des Eigentümers des Nachbargrundstücks errichtet werden darf, können beide Eigentümer bei den Erörterungen hierüber die Rechtsbeziehungen, die durch die Errichtung der Nachbarwand entstehen, anders regeln, als das Gesetz vorsieht. § 45 Hess.NRG gewährt diesen Vereinbarungen den Vorrang. Nur wenn die Nachbarn keine Regelungen treffen oder nicht alle Fragen regeln, gelten die gesetzlichen Vorschriften der §§ 2 bis 7 Hess.NRG.

Beschaffenheit der Nachbarwand

§ 2 Hess.NRG

Die Nachbarwand ist in der Art und in der Dicke auszuführen, wie es notwendig ist, um den beabsichtigten Zweck zu erreichen. Höchstens mit der Hälfte der hiernach gebotenen Dicke darf sie das angrenzende Grundstück in Anspruch nehmen.

ANMERKUNGEN:

1. Bei der Errichtung der Nachbarwand darf der Bauherr das fremde Grundstück nicht in größerem Umfang in Anspruch nehmen, als notwendig ist. Das Gesetz kann aber nicht starr regeln, in welcher Art die Wand aufzuführen ist und welche Dicke sie haben muß. Das kann sich allein nach dem von beiden Nachbarn beabsichtigten Zweck bestimmen und ist von Fall zu Fall verschieden. Der Bauherr darf höchstens mit der *Hälfte* der hiernach gebotenen Dicke der Wand auf das Nachbargrundstück überbauen. Wenn Streit zwischen den Nachbarn darüber entsteht, ob der Bauherr das Grundstück des Nachbarn in einem zu weiten Umfang in Anspruch genommen hat, muß hierüber das Gericht entscheiden, das sich dabei des Gutachtens eines Bausachverständigen bedienen wird.
2. Auf seinem eigenen Grundstück darf der Bauherr die Wand dicker bauen, als zu dem beabsichtigten Zweck notwendig ist. Vgl. auch § 7 Hess.NRG.

Anbau an die Nachbarwand

§ 3 Hess.NRG

(1) Der Eigentümer des Nachbargrundstücks ist berechtigt, an die Nachbarwand anzubauen. Anbau ist die Mitbenutzung der Nachbarwand als Abschlußwand oder zur Unterstützung oder Aussteifung des neuen Bauwerks.

(2) Der anbauende Eigentümer des Nachbargrundstücks ist zur Zahlung einer Vergütung in Höhe des halben Wertes der Nachbarwand, höchstens des halben Wertes einer Nachbarwand im Sinne des § 2 Satz 1 verpflichtet, soweit die Nachbarwand

durch den Anbau genutzt ist. Nimmt die Nachbarwand von dem angrenzenden Grundstück eine größere Bodenfläche in Anspruch, als § 2 Satz 2 vorsieht, so ist dies bei der Festsetzung der Vergütung angemessen zu berücksichtigen. Für die Berechnung des Wertes der Nachbarwand und für die Fälligkeit der Vergütung ist der Zeitpunkt der Rohbauabnahme des Anbaus maßgebend. Auf Verlangen ist Sicherheit in Höhe der voraussichtlich zu gewährenden Vergütung zu leisten; in solchem Falle darf der Anbau erst nach Leistung der Sicherheit begonnen oder fortgesetzt werden.

(3) Bis zum Anbau an die Nachbarwand fallen die Unterhaltungskosten dem Eigentümer allein zur Last. Nach dem Anbau sind die Unterhaltungskosten für den gemeinsam genutzten Teil der Nachbarwand von beiden Grundstückseigentümern entsprechend dem Verhältnis ihrer Beteiligung gemäß Abs. 2 Satz 1 und 2 zu tragen.

ANMERKUNGEN:

1. Der Eigentümer des Grundstücks, auf das die Nachbarwand übergebaut ist, ist *berechtigt*, aber *nicht verpflichtet*, an die Nachbarwand anzubauen. Unter Anbau ist nicht das Heranbauen bis an die Nachbarwand, also die Errichtung einer zweiten selbständigen Wand, zu verstehen, sondern die *Mitbenutzung* der Nachbarwand für den Bau des neuen Hauses (Abs. 1 Satz 2). Der Nachbar ist natürlich auch berechtigt, lediglich bis an die Nachbarwand heranzubauen, diese also selbst nicht mitzunutzen; dies hat jedoch finanzielle Folgen gemäß § 4 Hess.NRG.

2. Da der Nachbar, der die Nachbarwand errichtet hat, die Kosten für deren Errichtung allein hat tragen müssen, muß ein *Kostenausgleich* vorgenommen werden, wenn der Nachbar anbaut. Abs. 2 regelt die Höhe der Vergütung. Zu zahlen ist der halbe Wert der Nachbarwand, berechnet nach dem Zeitpunkt der Rohbauabnahme des neuen Baues, also die Hälfte des Zeitwertes der Wand im Augenblick der Rohbauabnahme des neuen Baues. Im Höchstfalle kann der Nachbar, der die Nachbarwand errichtet hat, jedoch nur die Hälfte des Wertes einer Nachbarwand erstattet verlangen, den – berechnet auf den Zeitpunkt der Rohbauabnahme – eine Nachbarwand in der für den beabsichtigten Zweck ausreichenden Art und Dicke hätte.

3. Der Wertberechnung wird die Nachbarwand nur in dem Umfang zugrunde gelegt, wie sie – der Länge oder der Höhe nach – von dem anbauenden Nachbarn mitbenutzt wird. Wenn dieser z. B. die Nachbarwand nur in halber Länge, aber in voller Höhe mitbenutzt, hat er nur zu den Kosten der Hälfte der Wand beizutragen.

4. Zugunsten des anbauenden Nachbarn ist die Vergütung zu mindern, wenn der Erbauer der Nachbarwand von dem Grundstück des Zahlungspflichtigen eine größere Bodenfläche in Anspruch genommen hat, als notwendig war (Abs. 2 Satz 2).

5. Wegen der Eigentumsverhältnisse nach dem Anbau vgl. Anmerkung 5b zu § 1 Hess.NRG.

6. Die *Unterhaltungskosten* haben die beteiligten Grundstückseigentümer nach dem Anbau in dem gleichen Verhältnis zu tragen, wie ihnen unter Berücksichtigung der Dicke der Wand und des Umfangs ihrer Nutzung die Herstellungskosten anteilig zur Last fallen.

Nichtbenutzen der Nachbarwand

§ 4 Hess.NRG

(1) Wird das spätere Bauwerk nicht an die Nachbarwand angebaut, so hat der anbauberechtigte Eigentümer des Nachbargrundstücks für die durch die Errichtung der Nachbarwand entstandenen Mehraufwendungen gegenüber den Kosten der Herstellung einer Grenzwand (§ 8 Abs. 1) Ersatz zu leisten; dabei ist in angemessener Weise zu berücksichtigen, daß das Nachbargrundstück durch die Nachbarwand teilweise weiter genutzt wird. Der zu erstattende Betrag darf jedoch nicht höher sein als der, den der Eigentümer des Nachbargrundstücks im Falle des Anbaus nach § 3 Abs. 2 Satz 1 bis 3 zu zahlen hätte. Der Anspruch wird mit der Rohbauabnahme des späteren Bauwerks fällig.

(2) Der anbauberechtigte Eigentümer des Nachbargrundstücks ist ferner verpflichtet, die Fuge zwischen der Nachbarwand und

seinem an die Nachbarwand herangebauten Bauwerk auf seine Kosten bündig mit der Außenfläche seines Bauwerks zu verdecken.

ANMERKUNGEN:

1. Falls der anbauberechtigte Nachbar auf seinem Grundstück ein Bauwerk errichtet, ohne die Nachbarwand zu benutzen, d. h. also, wenn er nur bis an die Nachbarwand heranbaut, ist ein finanzieller Ausgleich zwischen den beiden Nachbarn erforderlich. Dies ergibt sich daraus, daß nunmehr eine veränderte Interessenlage vorliegt und der ursprünglich beabsichtigte Zweck nicht mehr erreicht werden kann. Abs. 1 sieht die Zahlung einer Entschädigung an den Nachbarn, der die Nachbarwand errichtet hat, in diesem Falle vor und bestimmt die Fälligkeit der Forderung.

2. Abs. 2 trifft im bautechnischen Interesse Vorsorge, daß bei Nichtbenutzen der Nachbarwand für das zweite Gebäude die Fuge zwischen beiden Wänden bündig mit der Außenfläche des neuen Bauwerks verdeckt wird.

Beseitigen der Nachbarwand

§ 5 Hess.NRG

(1) Der Eigentümer der Nachbarwand ist berechtigt, die Nachbarwand ganz oder teilweise zu beseitigen, solange und soweit noch nicht angebaut ist.

(2) Das Recht nach Abs. 1 besteht nicht, wenn der anbauberechtigte Eigentümer des Nachbargrundstücks die Absicht, die Nachbarwand ganz oder teilweise durch Anbau zu nutzen, dem Eigentümer der Nachbarwand anzeigt und spätestens binnen 6 Monaten den erforderlichen Bauantrag bei der Bauaufsichtsbehörde einreicht.

(3) Abs. 2 ist nicht anwendbar, wenn der Eigentümer der Nachbarwand, bevor er eine Anzeige nach Abs. 2 erhalten hat, die Absicht, die Nachbarwand ganz oder teilweise zu beseitigen, dem Eigentümer des Nachbargrundstücks anzeigt und spätestens binnen 6 Monaten den erforderlichen Bauantrag bei der Bauaufsichtsbehörde einreicht.

(4) Gehen die Anzeigen nach Abs. 2 und 3 ihren Empfängern gleichzeitig zu, so hat die Anzeige nach Abs. 3 keine Rechtswirkung.

(5) Macht der Eigentümer der Nachbarwand von seinem Beseitigungsrecht zulässigen Gebrauch, so hat er dem Eigentümer des Nachbargrundstücks für die Dauer der Nutzung des Nachbargrundstücks durch den hinübergebauten Teil der Nachbarwand eine angemessene Vergütung zu leisten. Beseitigt der Eigentümer der Nachbarwand diese ganz oder teilweise, obwohl gemäß Abs. 2 ein Recht hierzu nicht besteht, so hat er dem anbauberechtigten Eigentümer des Nachbargrundstücks Ersatz für den durch die völlige oder teilweise Beseitigung der Anbaumöglichkeit zugefügten Schaden zu leisten; der Anspruch wird mit der Rohbauabnahme des späteren Bauwerks fällig.

ANMERKUNGEN:

1. Der Erbauer der Nachbarwand hat das Recht – wegen Ausnahmen siehe Anm. 2 –, die Nachbarwand jederzeit ganz oder teilweise auf seine Kosten abzureißen (Abs. 1). Dies erscheint auch gerechtfertigt, da er auch allein die Kosten für die Errichtung der Wand getragen hat. Wenn der Erbauer die Nachbarwand in zulässiger Weise beseitigt, hat er dem Nachbarn für die zeitweise Benutzung des Nachbargrundstücks durch den Überbau eine angemessene Entschädigung zu zahlen.

2. Der Erbauer der Nachbarwand ist nicht berechtigt, die Wand zu beseitigen,
   a) wenn und soweit der Nachbar bereits angebaut hat (Abs. 1),
   b) wenn der Nachbar angezeigt hat, daß er anzubauen beabsichtigt, und den Bauantrag bei der Bauaufsichtsbehörde binnen 6 Monaten nach erfolgter Anzeige einreicht (Abs. 2).

   Soweit der anbauberechtigte Nachbar die Nachbarwand nicht genutzt hat oder nach der gemachten Anzeige nicht zu nutzen beabsichtigt, ist der Erbauer der Nachbarwand berechtigt, sie zu beseitigen. Die Anzeige, die der anbauberechtigte Nachbar macht, muß deshalb angeben, in welchem Umfang angebaut werden soll, ob in voller Höhe und Länge; die Anzeige wird zweckmäßigerweise so vorgenommen, daß im

Streitfall der Tag des Zugangs feststellbar ist, z. B. durch Einschreiben oder sogar durch Einschreiben mit Rückschein.

3. Der Eigentümer der Nachbarwand, der die Wand beseitigen will, mit dem Abriß aber noch nicht beginnen kann, hat die Möglichkeit, einer Anzeige des anbauberechtigten Nachbarn, daß dieser anbauen wolle (Abs. 2, vgl. Anm. 2 b), dadurch zuvorzukommen, daß er seinerseits eine Anzeige nach Abs. 3 macht. Einer später eingehenden Anzeige des anbauberechtigten Nachbarn kommt dann keine Wirkung zu, wenn der Eigentümer der Nachbarwand binnen sechs Monaten den Abrißantrag bei der Bauaufsichtsbehörde einreicht.
Das Gesetz regelt auch folgenden Sonderfall: Gehen die gegenseitigen Anzeigen beiden Nachbarn gleichzeitig zu, so hat die Anzeige des Anbauberechtigten den Vorzug, d. h. der Erbauer ist nicht berechtigt, die Wand zu beseitigen.
Aus diesen Gründen ist es erforderlich, möglichst frühzeitig dem andern Nachbarn seine Absicht mitzuteilen, um auszuschließen, daß dieser zuvorkommt. Allerdings wird die Anzeige hinfällig, wenn ihr nicht binnen sechs Monaten die Einreichung des Bau- bzw. Abriß-Antrags bei der Bauaufsichtsbehörde folgt.

4. Abs. 5 Satz 2 sieht eine Schadensersatzpflicht vor, wenn der Erbauer der Nachbarwand diese unberechtigt beseitigt.

Erhöhen der Nachbarwand

§ 6 Hess.NRG

Jeder Grundstückseigentümer ist berechtigt, die Nachbarwand in voller Dicke auf seine Kosten zu erhöhen. Für den erhöhten Teil der Nachbarwand gelten die §§ 3, 4 Abs. 2 sowie § 5 Abs. 1 bis 4 und Abs. 5 Satz 2 entsprechend.

ANMERKUNGEN:

1. Ist die Nachbarwand auf Grund einer Vereinbarung zwischen den Grundstückseigentümern errichtet, so bedeutet es grundsätzlich keine Beeinträchtigung des einen, wenn der andere die Wand ihrer ganzen Dicke nach erhöht. Auch hier hängt

die Zulässigkeit des Bauvorhabens davon ab, daß öffentlichrechtliche Vorschriften ihr nicht entgegenstehen (§ 45 Hess. NRG).

2. Satz 2 nimmt auf verschiedene vorangehende Vorschriften Bezug. Dies bedeutet, daß an die Erhöhung angebaut werden kann, daß ferner im Falle des Aufstockens ohne Anbau der fugenlose Abschluß herzustellen ist und die Erhöhung nicht mehr verändert oder beseitigt werden darf, wenn der Eigentümer des Nachbargrundstücks seine Absicht, anbauen zu wollen, angezeigt hat und den Bauantrag binnen 6 Monaten bei der Bauaufsichtsbehörde einreicht.

Verstärken der Nachbarwand

§ 7 Hess.NRG

Jeder Grundstückseigentümer darf die Nachbarwand auf seinem Grundstück verstärken.

ANMERKUNGEN:

1. Die Vorschrift besagt eigentlich etwas Selbstverständliches. Jeder der beiden Grundstückseigentümer darf auf seinem Grundstück die Nachbarwand jederzeit und ohne Einverständnis des Nachbarn verstärken. Dem Bauvorhaben dürfen aber öffentlich-rechtliche Vorschriften nicht entgegenstehen (vgl. § 45 Hess.NRG).

2. Die *Kosten* der Verstärkung hat allein der Nachbar zu tragen, der die Verstärkung der Wand vornimmt.

V

Grenzwand

VORBEMERKUNGEN:

1. Die Grenzwand steht – im Gegensatz zu der Nachbarwand, §§ 1 bis 7 Hess.NRG – nur auf dem Grundstück des Erbauers, reicht also nicht auf das Grundstück des Nachbarn hinüber, vgl. Abb. 4 und 5, S. 45, 56. Sie hat der Erbauer auf eigene Kosten errichtet. Der Nachbar darf aber mit Einwilligung des Erbauers der Wand an die Grenzwand anbauen, d. h. die Wand als Abschlußwand oder zur Unterstützung oder Aussteifung des neuen Bauwerks mitbenutzen.

2. Im Partikularrecht war die Grenzwand nicht geregelt. Der Entwurf zum Bundesbaugesetz (Bundestags-Drucksache Nr. 336/III. Wahlperiode) enthielt in dem Abschnitt „Bauliches Nachbarrecht", der nicht Gesetz geworden ist, in den §§ 169 ff. Vorschriften über die Grenzwand und in § 168 eine Vorschrift über die Gründungstiefe. Das Hess.NRG hat die Grundgedanken dieser Bestimmungen übernommen.

3. Das Hess.NRG ist am 1. 11. 1962 in Kraft getreten (§ 49 Hess.NRG). Der Umfang von Rechten, die vorher begründet worden sind, richtet sich seit dem 1. 11. 1962 nach den Vorschriften des Hess.NRG (§ 46).

4. Nach § 45 Hess.NRG können die beteiligten Nachbarn andere Vereinbarungen treffen, als das Gesetz vorsieht.

Anbau an eine Grenzwand

§ 8 Hess.NRG

(1) Grenzwand ist die an der Grenze zum Nachbargrundstück auf dem Grundstück des Erbauers errichtete Wand.

(2) Der Eigentümer des Nachbargrundstücks darf eine Grenzwand durch Anbau nutzen, wenn der Eigentümer der Grenzwand einwilligt. Anbau ist die Mitbenutzung der Grenzwand als Abschlußwand oder zur Unterstützung oder Aussteifung des neuen Bauwerks.

(3) Der anbauende Eigentümer des Nachbargrundstücks hat eine Vergütung in Höhe des halben Wertes der Grenzwand, soweit sie durch den Anbau genutzt ist, zu zahlen und ferner eine angemessene Vergütung dafür zu leisten, daß er den für die Errichtung einer eigenen Abschlußwand erforderlichen Baugrund einspart. Für die Berechnung des Wertes der Grenzwand und für die Fälligkeit der Vergütung ist der Zeitpunkt der Rohbauabnahme des Anbaus maßgebend. Auf Verlangen ist Sicherheit in Höhe der voraussichtlich zu gewährenden Vergütung zu leisten; in solchem Falle darf der Anbau erst nach Leistung der Sicherheit begonnen oder fortgesetzt werden.

(4) Nach dem Anbau sind die Unterhaltungskosten für den gemeinsam genutzten Teil der Grenzwand von den beiden Grundstückseigentümern zu gleichen Teilen zu tragen.

ANMERKUNGEN:

1. Der Anbau an die Grenzwand setzt die Einwilligung des Erbauers der Wand voraus. Unter Anbau ist auch hier – wie bei der Nachbarwand, § 3 Abs. 1 Hess.NRG – die Mitbenutzung der Grenzwand als Abschlußwand oder zur Unterstützung oder Aussteifung des neuen *Bauwerks* zu verstehen. Dem Bauvorhaben dürfen öffentlich-rechtliche Vorschriften nicht entgegenstehen (§ 45 Hess.NRG), insbesondere muß die Grenzwand auch für die durch den Anbau entstehende erhöhte Belastung ausreichen.
Wegen der Bedeutung des Begriffs „Bauwerk" und „Wand" vgl. Anm. 1 und 2 zu § 1 Hess.NRG (S. 45).

2. Die Grenzwand steht bis zum Anbau im Alleineigentum des Erbauers, nach dem Anbau nach herrschender Meinung im Miteigentum beider Nachbarn.

3. Abs. 3 regelt die Höhe und die Fälligkeit der *Entschädigung*, die der anbauende Nachbar an den Erbauer der Grenzwand zu zahlen hat. Es gilt das in Anm. 2 und 3 zu § 3 Hess.NRG Gesagte auch hier. Bei der Grenzwand ist zugunsten des Erbauers der Grenzwand zu berücksichtigen, daß der anbauende Nachbar den für die Errichtung einer eigenen Abschlußwand erforderlichen Baugrund einspart.

4. Bis zu dem Anbau hat der Erbauer der Grenzwand die *Unterhaltungskosten* allein zu tragen. Abs. 4 regelt, wer die Unterhaltungskosten nach dem Anbau zu tragen hat, nämlich beide Grundstückseigentümer zu gleichen Teilen.

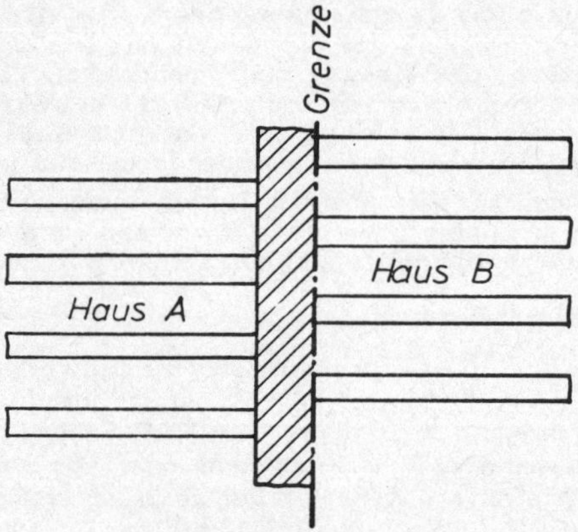

Abb. 5: Grenzwand (Grundriß)

Errichten einer zweiten Grenzwand

§ 9 Hess.NRG

Steht auf einem Grundstück ein Bauwerk an der Grenze und wird später auf dem Nachbargrundstück an dieser Grenze ein Bauwerk errichtet, aber nicht an die Grenzwand angebaut, so ist dessen Erbauer verpflichtet, die Fuge zwischen den Grenzwänden auf seine Kosten bündig mit der Außenfläche des Bauwerks zu verdecken.

ANMERKUNGEN:

1. Der Nachbar ist nur *berechtigt, nicht verpflichtet*, an die Grenzwand anzubauen, das heißt sie mitzubenutzen. Ihm steht es frei, bei seinem Neubau die Grenzwand nicht mitzubenutzen, sondern neben die vorhandene Grenzwand eine eigene Abschlußwand zu setzen. Er hat dann lediglich die Verpflichtung, die Fuge zwischen den beiden Wänden zu verputzen.
2. Die geringen *Kosten* für das Verputzen der Fuge hat der zu tragen, der den zweiten Bau ausführt.

Besondere Gründung
§ 10 Hess.NRG

(1) Auf Verlangen des Eigentümers des Nachbargrundstücks ist der Erbauer eines an der gemeinsamen Grenze zu errichtenden Bauwerks verpflichtet, eine solche Gründung vorzunehmen, daß bei der späteren Durchführung des Bauvorhabens des Eigentümers des Nachbargrundstücks zusätzliche Baumaßnahmen vermieden werden. Der Eigentümer des Nachbargrundstücks kann das Verlangen nur bis zum Eingang des Bauantrags bei der Bauaufsichtsbehörde dem Bauherrn gegenüber stellen.

(2) Die durch das Verlangen nach Abs. 1 entstehenden Mehrkosten sind zu erstatten. In Höhe der voraussichtlich erwachsenden Mehrkosten ist auf Verlangen des Bauherrn binnen zwei Wochen Vorschuß zu leisten. Der Anspruch auf die besondere Gründung erlischt, wenn der Vorschuß nicht fristgerecht geleistet wird.

(3) Soweit der Bauherr die besondere Gründung auch zum Vorteil seines Bauwerks ausnutzt, beschränkt sich die Erstattungspflicht des Eigentümers des Nachbargrundstücks auf den angemessenen Kostenanteil. Bereits gezahlte Kosten können zurückgefordert werden.

ANMERKUNGEN:

1. § 10 Hess.NRG kommt einem wirtschaftlichen Bedürfnis entgegen: Wird an der Grenze zum Nachbargrundstück ein Haus gebaut, so ist es zweckmäßig, bei dessen Gründung auf ein Bauvorhaben des Eigentümers des Nachbargrundstücks Rück-

sicht zu nehmen, wenn dieser beabsichtigt, später an der gleichen Stelle ein Bauwerk mit einer besonderen, z. B. tieferen oder verstärkten, Gründung zu errichten. Denn sonst könnten unter Umständen kostspielige Aufwendungen dadurch erwachsen, daß das zuerst erbaute Haus abgestützt und entsprechend gesichert werden müßte. Daher muß auf Verlangen des Eigentümers des Nachbargrundstücks bereits das erste Bauwerk entsprechend besonders gegründet werden.

2. Damit das Bauvorhaben des Ersterbauers nicht unnötig verzögert wird, ist bestimmt, daß der Eigentümer des Nachbargrundstücks sein Verlangen nur so lange stellen kann, als der Bauantrag für das erste Bauwerk bei der Baubehörde noch nicht eingegangen ist. Wenn der Nachbar, der den zweiten Bau mit der tieferen Gründung auszuführen beabsichtigt, nicht rechtzeitig von dem Bauvorhaben des Ersterbauers erfährt, hat er kein Recht darauf, daß der andere die tiefere Gründung vornimmt. Deshalb ist es zweckmäßig, wenn er für später solche Absichten hat, dem Nachbarn dies möglichst frühzeitig – erforderlichenfalls durch Einschreibebrief – mitzuteilen.

3. Auf Verlangen ist *Vorschuß* für die Mehrkosten, die durch die tiefere Gründung entstehen, zu leisten. Wenn der Vorschuß nicht rechtzeitig gezahlt wird, erlischt der Anspruch auf die tiefere Gründung.

VI

Fenster- und Lichtrecht

VORBEMERKUNGEN:

1. Das **Fensterrecht** regelt, ob und inwieweit der Grundstückseigentümer Fenster mit Sicht nach dem Nachbargrundstück errichten darf. Das **Lichtrecht** schützt die einmal angelegten Fenster gegen nachbarliche Eingriffe.

2. Das Fenster- und Lichtrecht war im **bisherigen Recht** verschieden geregelt:

Die Anlage von Fenstern war nach *gemeinem, fuldischem, nassauischem und nassauisch-katzenelnbogischem Recht* (Teil 6 Kap. III § 1 der Landesordnung vom 1. 5. 1711) ohne jede Einschränkung zulässig. Schlechthin verboten war die Anlage von Fenstern nach Haus, Hof oder Garten des Nachbarn nach Mainzer Landrecht (Titel VII § 34, Titel VIII § 13 der Landesordnung vom 24. 7. 1755) und der Frankfurter Reformation vom 10. 9. 1611, die allerdings für Frankfurt und Sachsenhausen nur bis 1809 galt, aber in sonstigen Gebieten weiter in Kraft war. Nach Teil 8 Titel VII §§ 2 und 3 der Frankfurter Reformation waren lediglich Dachluken zulässig, die verschlossen, mit eisernen Geremsen versehen und in einem Abstand von 15 Werkschuh von einander errichtet waren.

Das hessische, kurhessische und preußische Recht sowie das Frankfurter Baustatut vom 11. 6. 1809 schrieben für Fenster mit Sicht nach fremden Grundstücken bestimmte Abstände vor.

Für das Gebiet des damaligen *Großherzogtums Hessen* sah Art. 50 der Hess. Allgemeinen Bauordnung vom 30. 4. 1881 vor, daß die Anlage von Fenstern in einer Brandmauer zulässig sei, wenn diese 3 Meter Gebäudeabstand einhalte. Stand die Brandmauer jedoch unmittelbar auf der Grenze, so mußten Fenster im Erdgeschoß mindestes 2,60 Meter und in höheren Stockwerken mindestens 1,90 Meter hoch über dem Fußboden des Erdgeschosses bzw. des höheren Stockwerkes angebracht sein, durften nicht zu öffnen sein und mußten mit Stäben vergittert werden. Diese Vorschriften wurden durch § 87 Abs. 1 Nr. 6 Hess.BauO vom 9. 7. 1957 aufgehoben.

Nach § 22 der *Kurhess. Bauordnung* vom 9. 1. 1784 mußten offene Fenster 3 bis 4 Zoll von der Grenze zurückbleiben. Voraussetzung war im übrigen, daß die Hauswand wenigstens 4 Fuß von der Wand des Nachbargebäudes entfernt war und hiervon 2 Fuß eigenes Land waren; ferner durften die Fenster nicht unmittelbar den bereits vorhandenen Fenstern des Nachbarn gegenüberliegen (§ 28 a.a.O.). Offene Fenster waren solche, die zur Beschaffung von Licht und zur Aussicht dienten; als solche kamen auch Fenster in Betracht, die sich nach innen öffneten, zum Herauslegen nicht geeignet waren oder eiserne Stäbe hatten. „Zufenster", das heißt Fenster, die nicht geöffnet werden konnten, durften dicht an der Grenze und auch unmittelbar gegenüber den Fenstern des Nachbarn angebracht werden.

Nach *Preuß. Allg. Landrecht* (Teil I Kap. 8 §§ 137 und 138) waren Fenster und Öffnungen in Wänden zulässig, auch wenn sie freie Einsicht in das Nachbargrundstück gewährten. Es bestand aber die Einschränkung, daß Fenster oder Lichtöffnungen mit eisernen, 2 Zoll voneinander stehenden Stäben oder mit Drahtgitter versehen sein mußten, wenn die Wände, in denen sie sich befanden, auf der Grenze errichtet waren und an Hof oder Garten des Nachbarn anstießen.

Das *Frankfurter Baustatut* schrieb in Kap. 7 §§ 7 bis 10 für die Innenstadt und für Sachsenhausen vor, daß Fenster, die vorhanden waren und für die noch kein Fensterrecht erworben war, bleiben konnten; der Nachbar konnte aber verlangen, daß sie 8 Fuß über dem jeweiligen Fußboden angebracht wurden, wenn das Zimmer, dem sie Licht brachten, zu ebener Erde lag, und 6 Fuß, wenn das Zimmer in einem höheren Stockwerk lag. Ferner konnte verlangt werden, daß sie mit eisernen Geremsen versehen wurden. Das Anbringen von Fenstern war unbeschränkt gestattet, wenn die Wände, in denen sie sich befanden, mindestens 9 Werkschuh vom Nachbargebäude zurückblieben. Das Anbringen verschlossener Dachgaupen war ohne weiteres zulässig, wenn sie einen Abstand von 15 Werkschuh voneinander hatten; der Nachbar konnte aber verlangen, daß sie mit Läden zu versehen waren. In Brandmauern waren Fenster und sonstige Öffnungen stets unzulässig.

Wegen des *Geltungsbereichs* des früheren Rechts vgl. Abschn. I Nr. 3, S. 7 ff.

3. Ein gesetzlich festgelegtes Lichtrecht war den Partikularrechten unbekannt. Sie kannten ein solches Recht nur, wenn eine dahingehende Vereinbarung getroffen war; vereinzelt war ein Rechtserwerb durch Ersitzung möglich.

4. Das öffentliche Recht schreibt in der Hess.BauO zum Zwecke der ausreichenden Besonnung, Belichtung und Belüftung und, um Beeinträchtigungen des Nachbarn zu vermeiden, bestimmte Grenz- und Bauwerksabstände vor. Von den Grundstücksgrenzen, die nicht an öffentlichen Verkehrsflächen liegen, sind nach § 7 Hess.BauO bestimmte Mindestabstandsflächen (sog. Bauwiche) einzuhalten, die nach Art. und Höhe der Gebäude verschieden breit sind.

Nach § 8 müssen Gebäude von anderen Gebäuden gewisse Mindestabstände einhalten, die grundsätzlich zwischen 3 und 5 m liegen. Auf die im Anschluß an den Abschnitt I Nr. 9 (Seite 13 f.) abgedruckten Vorschriften wird verwiesen, ebenso auf die in dem Abschnitt I Nr. 9 gemachten Ausführungen über die Bedeutung des öffentlichen Rechts im Nachbarbereich. Besondere Vorschriften über das Fensterrecht enthält die Hess.BauO nicht, jedoch wird auf ihren § 8 Abs. 2 verwiesen.

5. Die Regierungsvorlage eines Hess. NRG enthielt keine Vorschriften über das Fenster- und Lichtrecht. Diese sind erst durch den Hess. Landtag eingefügt worden. Dieser war der Ansicht, das Fenster- und Lichtrecht müsse geregelt werden, man könne es nicht bei dem bisherigen zersplitterten Rechtszustand belassen. Auch war er der Meinung, die öffentlich-rechtlichen Bestimmungen der Hess.BauO seien für die Ausgestaltung der privatrechtlichen Sphäre unzureichend, weil Baudispense und -auflagen unter dem Gesichtswinkel der Ordnung des Bauwesens und nicht unter demjenigen des Schutzes des Nachbarn erteilt würden; auch sollten mögliche Streitigkeiten über die Berechtigung von Dispensen oder gar über Baugenehmigungen ohne Dispense nicht im Bereich der Verwaltung ausgetragen werden (Landtags-Drucksache Abt. II Nr. 394/IV. Wahlperiode).

6. Wegen der Fenster und sonstigen Einrichtungen, die bei Inkrafttreten des Hess.NRG, dem 1. 11. 1962, bereits bestanden, vgl. § 13 Hess.NRG.

Umfang und Inhalt, Ausnahmen

§ 11 Hess.NRG

(1) In oder an der Außenwand eines Gebäudes, die parallel oder in einem Winkel bis zu 60 Grad zur Grenze des Nachbargrundstücks verläuft, dürfen Fenster oder Türen oder zum Be-

treten bestimmte Bauteile nur mit Einwilligung des Eigentümers des Nachbargrundstücks angebracht werden, wenn die Fenster, die Türen oder die Bauteile von der Grenze einen geringeren Abstand als 2,5 m einhalten sollen.

(2) Die Einwilligung muß erteilt werden, wenn keine oder nur geringfügige Beeinträchtigungen zu erwarten sind.

§ 12 Hess.NRG

§ 11 Abs. 1 gilt nicht,

1. soweit nach öffentlich-rechtlichen Vorschriften Fenster, Türen oder zum Betreten bestimmte Bauteile anzubringen sind;

2. für lichtdurchlässige, jedoch undurchsichtige und gegen Feuereinwirkung widerstandsfähige Wandbauteile;

3. für Außenwände gegenüber Grenzen zu öffentlichen Straßen, zu öffentlichen Grünflächen und zu Gewässern.

ANMERKUNGEN:

1. Die Regelung gilt für Fenster, Türen und zum Betreten bestimmte Bauteile, z. B. Terrasse, Balkon, Veranda.

2. Diese Einrichtungen sind unzulässig, wenn
   a) die Außenwand des Gebäudes, in oder an der sie angebracht sind, parallel zur Grundstücksgrenze steht oder sie selbst bzw. in ihrer Verlängerung einen Winkel *bis* zu 60 Grad zur Grenze des Nachbargrundstücks bildet und
   b) die Einrichtungen einen geringeren Abstand als 2,5 m von der Grenze einhalten.

3. Die in Anm. 1 genannten Einrichtungen sind stets zulässig, wenn
   a) der Nachbar einwilligt,
   b) die Außenwand des Gebäudes, in oder an der sie angebracht sind, selbst oder in ihrer Verlängerung in einem Winkel von *über* 60 Grad zur Grundstücksgrenze verläuft, ohne Rücksicht auf den Abstand der Einrichtung von der Grenze (in diesen Fällen braucht die Einrichtung also keinen bestimmten Grenzabstand einzuhalten, dies gilt z. B. auch für einen – vorgebauten – Balkon),

c) die Außenwand wie in Anm. 2 a angegeben verläuft, die Einrichtung aber einen Abstand von 2,5 m oder mehr von der Grenze hat,

d) die Voraussetzungen des § 12 Hess.NRG vorliegen.

4. Für die Zulässigkeit einer Einrichtung ist es nach dem Gesetz von Bedeutung, ob der Winkel, in dem die Außenwand des Gebäudes zur Grenze des Nachbargrundstückes verläuft, bis zu 60 Grad oder mehr beträgt. Ausgangspunkt für die Berechnung des Winkels ist die Außenfront des Gebäudes. Ist sie der Grenze des Nachbargrundstückes zugekehrt, kann nur ein Winkel zwischen 1 und 89 Grad in Betracht kommen, nicht jedoch kommt es auf den sich ebenfalls ergebenden größeren Winkel an. Ist die Außenfront der Außenwand der Grundstücksgrenze des Nachbargrundstücks abgekehrt, kommt für die maßgebende Berechnung der Winkel über 90 Grad in Betracht. Vgl. hierzu die Abbildungen 6 bis 12.

5. Bei der Berechnung des Abstandes ist der Teil der in Anm. 1 genannten Einrichtung maßgebend, der der Grundstücksgrenze am nächsten kommt.

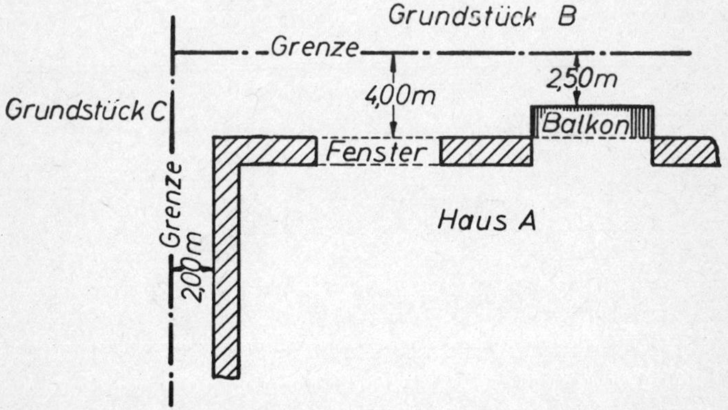

Abb. 6: Zwei Außenwände parallel zu den Grundstücksgrenzen (Balkon und Fenster zulässig, seitlich wären Fenster und Balkon unzulässig)

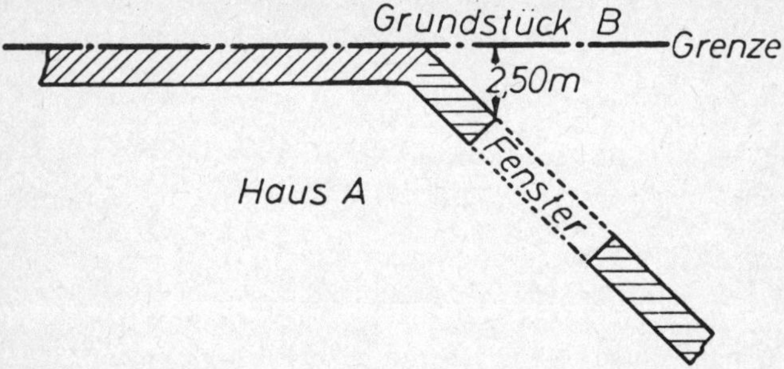

Abb. 7: Außenwand verläuft im Winkel von 45 Grad zur Grundstücksgrenze (Fenster zulässig)

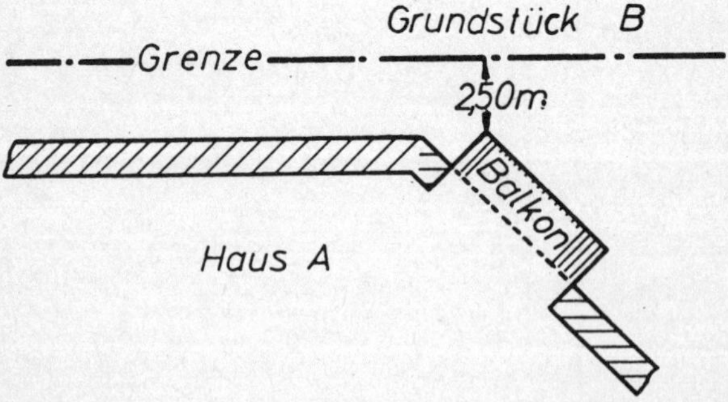

Abb. 8: Außenwand verläuft im Winkel von 45 Grad zur Grundstücksgrenze (Balkon zulässig)

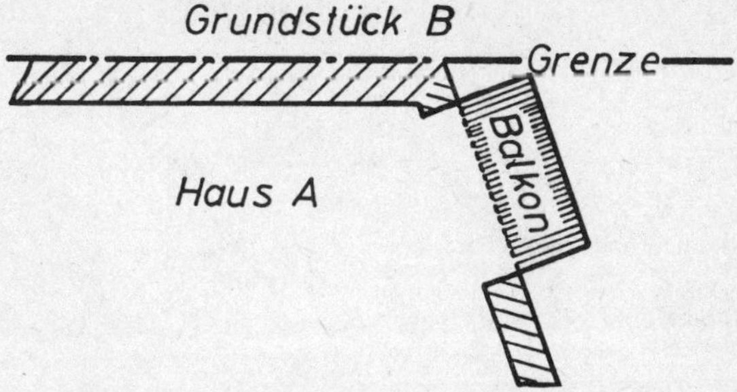

Abb. 9: Außenwand verläuft im Winkel von 70 Grad zur Grundstücksgrenze (Balkon ohne Einhaltung eines Abstandes zulässig)

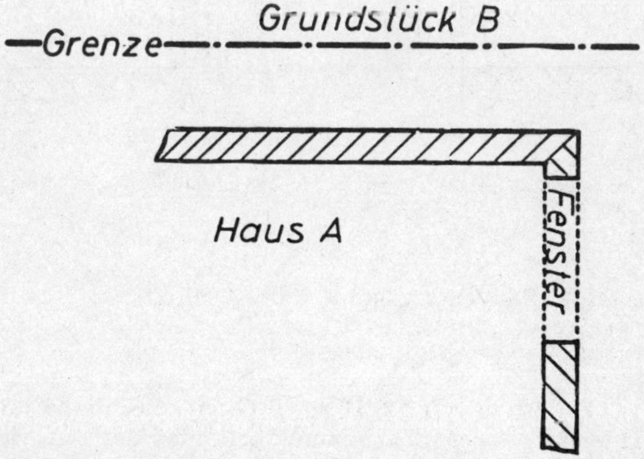

Abb. 10: Außenwand stößt senkrecht auf Grundstücksgrenze (Fenster ohne Einhaltung eines Abstandes zulässig)

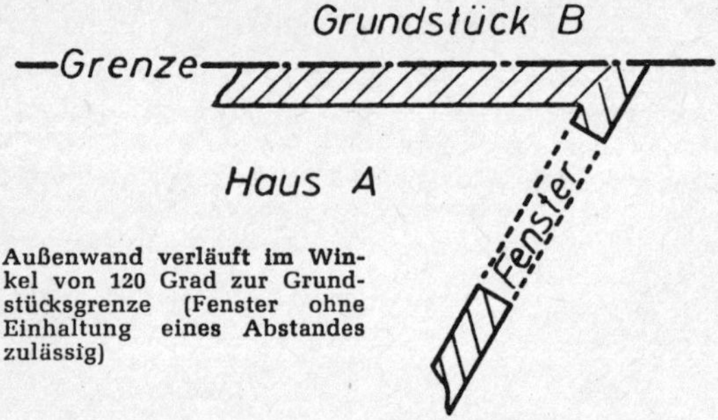

Abb. 11: Außenwand verläuft im Winkel von 120 Grad zur Grundstücksgrenze (Fenster ohne Einhaltung eines Abstandes zulässig)

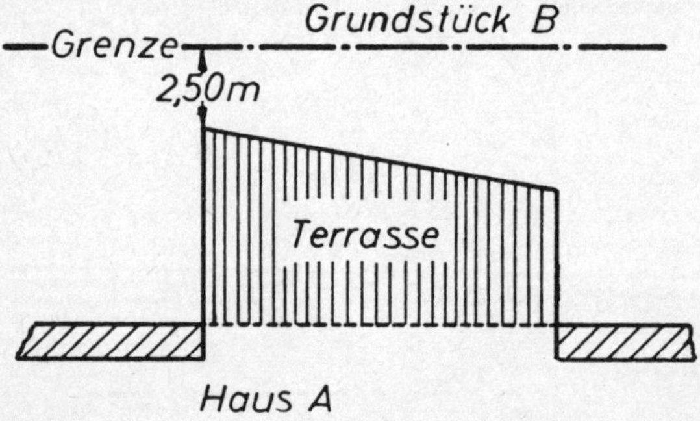

Abb. 12: Außenwand verläuft parallel zur Grundstücksgrenze (Terrasse zulässig)

6. Die erteilte Baugenehmigung befreit nicht von der Einhaltung der privatrechtlichen Vorschriften des § 11 Hess.NRG, vgl. Abschn. I Nr. 8, S. 11.

7. In den Fällen des § 12 Hess.NRG ist die Einhaltung des in § 11 Abs. 1 vorgeschriebenen Abstandes der Einrichtungen nicht erforderlich. Der Begriff „gegen Feuereinwirkung widerstandsfähig" ist DIN 4102 entnommen.

Ausschluß des Beseitigungsanspruchs
§ 13 Hess.NRG

Der Anspruch auf Beseitigung einer Einrichtung nach § 11 Abs. 1, die einen geringeren als den in § 11 Abs. 1 vorgeschriebenen Abstand einhält, ist ausgeschlossen,

1. wenn die Einrichtung bei Inkrafttreten dieses Gesetzes vorhanden ist und ihr Abstand dem bisherigen Recht entspricht oder

2. wenn der Nachbar nicht binnen einem Jahr nach dem Anbringen der Einrichtung Klage auf Beseitigung erhoben hat; diese Frist beginnt frühestens mit dem Inkrafttreten dieses Gesetzes.

ANMERKUNGEN:

1. Wenn die Einrichtung in unzulässiger Weise angebracht ist, kann der beeinträchtigte Nachbar auf Beseitigung klagen (§ 1004 BGB).

2. Dieses Klagrecht ist *ausgeschlossen*, wenn

a) die Einrichtung bei Inkrafttreten des Hess.NRG (1. 11. 1962) vorhanden war und dem *früheren Recht* entspricht (hierzu vgl. Vorbem. 2 und Abschn. I Nr. 3, S. 7 ff.) oder

b) der Nachbar bei Einrichtungen, die am 1. 11. 1962 vorhanden waren und nicht dem bisherigen Recht entsprechen, nicht binnen einem Jahr Klage auf Beseitigung erhoben hat oder

c) der Nachbar bei später errichteten Einrichtungen nicht binnen einem Jahr nach dem Anbringen geklagt hat.

VII

Einfriedungen

VORBEMERKUNGEN:

1. Über den **früheren Rechtszustand** ergibt sich aus der amtlichen Begründung zum Hess.NRG (Landtags-Drucksache Abt. I Nr. 1092/IV. Wahlperiode) folgendes:

a) § 8 des Art. XX der Kurhess.VO vom 6. 11. 1739 sowie Verordnungen für das fuldische Herrschaftsgebiet, für Hanau und Isenburg (vgl. bei Kersting „Die Sonderrechte im Kurfürstentum Hessen" S. 34, 242, 259, 790, 943) bestimmten lediglich, daß die Grundstücksumfriedungen nicht aus Planken oder Pfahlzäunen, sondern aus lebenden Hecken bestehen sollten. Eine Verpflichtung zur Herstellung einer Einfriedung enthielt Nr. 23 der Forst- und Waldordnung für die obere Grafschaft Wied (Wied-Runkel) vom 1. 5. 1773: „Jeder Untertan sollte durch Schultheiß, Förster und Gericht angewiesen werden, wo und wieviel er annoch zuzumachen und imstande zu halten schuldig sei". Nach § 162 des Teils I Titels 8 des Preuß. Allg. Landrechts war der Eigentümer eines städtischen Grundstücks oder Gartens verpflichtet, den Zaun rechter Hand vom Eintritt in den Haupteingang zu errichten. § 164 a.a.O. verpflichtete den zur Errichtung einer Einfriedung, der ein Gebäude entfernt hatte, das auf der Grenze oder in vorschriftsmäßigem Abstand dazu gestanden und dadurch das Halten einer Scheidung entbehrlich gemacht hatte. Quer- oder Rückenzäune mußten gemeinschaftlich von den beiden Nachbarn angelegt werden (§ 167 a.a.O.).

b) Zur Unterhaltung einer Einfriedung war nach §§ 152 ff. des Teils I Titels 8 des Preuß. Allg. Landrechts der erweisliche oder der auf Grund bestimmter Merkmale der Einfriedung zu vermutende oder zu ermittelnde Eigentümer verpflichtet. § 3 des Art. XIII der Kurhess. Verordnung vom 6. November 1739 – Gartenordnung – bestimmte ganz allgemein, daß jeder seine Scheidewand in gutem Zustand zu erhalten schuldig sei.

c) Über Art und Höhe der Einfriedung enthielten die §§ 169 ff. des Teils I Titels 8 des Preuß. Allg. Landrechts, das nur in den Gemeinden Neuseesen und Werleshausen galt, ins einzelne gehende Vorschriften. Entsprechende Bestimmungen und solche über einzuhaltende Abstände fanden sich für Alt-Frankfurt und Sachsenhausen in Art. I § 3 des Frankfurter Wichgesetzes vom 1. 4. 1851 und für die übrigen Frankfurter Gemarkungen in § 2 Nr. 2 der Polizeiverordnung vom 23. 10. 1933 (Städt. Anzeigeblatt Frankfurt a. M. S. 558). Ganz allgemein galt der Grundsatz, daß gegenüber öffentlichen Straßen, Wegen und Plätzen Abstände nicht einzuhalten waren. Dagegen ergab sich die Verpflichtung zur Einhaltung eines Abstands mit der Einfriedung gegenüber landwirtschaftlich genutzten Grundstücken im Falle des Bestehens eines Anwende-, Schwengel-, Tret-, Kehr- oder Pflugrechts; denn hierbei handelte es sich um das Recht, mit Pflug und Spannvieh (Nassauisches Recht) oder mit Pflug oder Egge (Fuldisches Recht) oder mit dem Ackerpferd (Waldecksches Recht) auf dem anstoßenden Nachbargrundstück wenden und dieses insoweit betreten zu dürfen. Es war dies eine auf deutschem Herkommen beruhende dingliche Eigentumsbelastung. Dieses Recht war noch im Gebiet des Fuldischen Rechts als Anwenderecht sowie im früheren Kurhessen (vgl. § 8 Art. VI der Kurhess. Verordnung vom 6. 11. 1739 – Grabenordnung) und im früheren Staat Waldeck als Schwengelrecht gewohnheitsrechtlich erhalten. Abweichend bezeichnete § 118 des Teils I Titels 8 des Preuß. Allg. Landrechts als Pflugrecht den Rain zwischen benachbarten Grundstücken, der in der Regel als gemeinschaftliches Eigentum anzusehen sei; § 119 a.a.O. enthielt das Verbot an die beiden Anlieger, den Rain ohne Einwilligung seiner Miteigentümer zu verändern oder zu schmälern. Ergänzend schrieb früher § 336 des Teils I Titels 17 des Preuß. Allg. Landrechts vor, daß die Mitte des Grabens oder Rains, der die Grenze bestimmt, als eigentliche Grenzlinie zu achten sei; diese Vorschrift ist aber bereits durch Art. 89 Ziff. 1b Preuß.AGBGB außer Kraft gesetzt worden.

2. Das Hess.NRG regelt, wer Einfriedungen zu errichten und zu unterhalten hat und wie diese beschaffen sein müssen. Das *Anwenderecht* wurde nicht geregelt. Den insoweit kraft Gewohnheitsrechts oder laut Vertrag bestehenden Rechten sowie den landwirtschaftlichen Bedürfnissen im übrigen wird durch die Vorschrift des § 16 Abs. 1 Hess.NRG in gewissem Umfang Rechnung getragen.

3. § 11 Abs. 2 des Bundesfernstraßengesetzes in der Fassung vom 1. 10. 1974 (BGBl. I S. 2414) mit letzter Änderung vom 19. 12. 1986 (BGBl. I S. 2669) und § 27 Abs. 2 des Hess. Straßengesetzes vom 9. 10. 1962 (GVBl. I S. 437) schreiben vor, daß Zäune und andere mit dem Grundstück nicht fest verbundene Einrichtungen nicht angelegt werden dürfen, wenn sie die Verkehrssicherheit durch Sichtbehinderung beeinträchtigen; soweit sie bereits vorhanden sind, haben

die Eigentümer ihre Beseitigung zu dulden (vgl. auch Anm. 2 zu § 40 Hess.NRG).

4. Die vom Hess.NRG getroffenen Regelungen gelten nur, soweit die Nachbarn nichts Gegenteiliges vereinbaren (§ 45 Hess.NRG).

5. Die Rechtsbeziehungen der Nachbarn zueinander richten sich bei Einfriedungen, die bei Inkrafttreten des Hess. NRG (1. 11. 1962) vorhanden sind, von diesem Zeitpunkt ab nach den Vorschriften des Hess.NRG (§ 46).

6. § 11 Hess.BauO enthält folgende Vorschrift:

Grundstücke, die mit Gebäuden bebaut sind oder nach öffentlichem Recht mit Gebäuden bebaut werden können, sind entlang der öffentlichen Verkehrsfläche einzufrieden oder abzugrenzen, wenn die öffentliche Sicherheit oder Ordnung oder die Gestaltung dies erfordert. Aus denselben Gründen sind auch Aufschüttungen, Abgrabungen, Lager-, Abstell- und Ausstellungsplätze sowie Camping- und Zeltplätze einzufrieden oder abzugrenzen.

Errichtung

§ 14 Hess.NRG

(1) Der Eigentümer eines bebauten oder gewerblich genutzten Grundstücks ist auf Verlangen des Eigentümers des Nachbargrundstücks verpflichtet, sein Grundstück einzufrieden, soweit die Grenze zum Nachbargrundstück nicht mit Gebäuden besetzt ist. Sind beide Grundstücke bebaut oder gewerblich genutzt, so sind die Eigentümer der beiden Grundstücke gegenseitig verpflichtet, bei der Errichtung der Einfriedung mitzuwirken. Stellt das Verlangen nach Satz 1 der Eigentümer eines Grundstücks, das weder bebaut noch gewerblich genutzt ist, aber innerhalb eines im Zusammenhang bebauten Ortsteils gelegen oder in einem Bebauungsplan als Bauland ausgewiesen ist, so ist er berechtigt, bei der Errichtung der Einfriedung mitzuwirken.

(2) Die Einfriedung ist im Falle des Abs. 1 Satz 1 – vorbehaltlich des § 16 Abs. 1 – entlang der Grenze, in den übrigen Fällen auf der Grenze zu errichten.

(3) Als gewerblich genutzt im Sinne des Abs. 1 Satz 1 gilt nicht ein Grundstück, das dem Erwerbsgartenbau dient.

ANMERKUNGEN:

1. Nach den §§ 903, 905 BGB kann der Eigentümer eines Grundstücks – ihm steht nach § 11 der ErbbaurechtsVO der Erbbauberechtigte gleich – grundsätzlich frei bestimmen, ob und wie er sein Grundstück einfrieden oder ob er eine vorhandene Einfriedung verändern oder beseitigen will. Diese Freiheit schränkt § 14 Hess.NRG in der Weise ein, daß hinsichtlich der *bebauten* oder *gewerblich genutzten* Grundstücke die *Verpflichtung* begründet wird, auf Verlangen des Eigentümers des Nachbargrundstücks eine Einfriedung im Sinne des § 15 anzubringen. Ein Grundstück, das dem Erwerbsgartenbau dient, gilt nicht als gewerblich genutzt. Wegen des Begriffs „Gebäude" vgl. Anm. 2 zu § 912 BGB S. 38.

2. Dieses Verlangen kann auch gestellt werden, wenn *beide* Grundstücke bebaut oder gewerblich genutzt sind. Das Verlangen hat dann die Wirkung, daß beide Eigentümer verpflichtet sind, die Einfriedung gemeinschaftlich zu errichten.

3. Eine Sonderregelung trifft Abs. 1 Satz 3, wenn das Grundstück des Nachbarn, der das Verlangen auf Errichtung einer Einfriedung stellt, zwar nicht bebaut oder gewerblich genutzt ist, aber innerhalb eines im Zusammenhang bebauten Ortsteils gelegen oder im Bebauungsplan als Bauland ausgewiesen ist. In diesem Fall ist der Nachbar, der das Verlangen stellt, berechtigt, bei der Errichtung der Einfriedung mitzuwirken. Diese Regelung ist deshalb getroffen, weil in dem genannten Fall beide Nachbarn nach § 17 Abs. 1 Hess.NRG verpflichtet sind, die Kosten der Errichtung zu gleichen Teilen zu tragen. Durch die Mithilfe bei der Errichtung können die Kosten verringert werden.

4. Die Einfriedung ist zu errichten:
   a) *auf* der Grenze, wenn die Grundstücke beider Nachbarn bebaut oder gewerblich genutzt sind oder diese Voraussetzungen nur bei einem Grundstück vorliegen, aber das andere Grundstück innerhalb eines im Zusammenhang bebauten Ortsteils gelegen oder in einem Bebauungsplan als Bauland ausgewiesen ist,

b) *entlang* der Grenze, also noch auf dem eigenen Grundstück, wenn die zu a) genannten Voraussetzungen nicht vorliegen,

c) *0,5 m* von der Grenze entfernt, wenn die Voraussetzungen des § 16 Abs. 1 Hess.NRG gegeben sind.

5. Im Falle der Anm. 4 b und c steht die Einfriedung im Eigentum des Nachbarn, der sie errichtet hat. Im Falle 4 a dürfte Miteigentum beider Nachbarn anzunehmen sein.

6. Der Regelung des Gesetzes liegt der Gedanke zugrunde, daß ein berechtigtes Interesse an der Errichtung einer Einfriedung nur gegenüber bebauten oder gewerblich genutzten Grundstücken anzuerkennen ist, da nur von diesen in der Regel eine gewisse Gefährdung des nachbarlichen Eigentums ausgeht. Bei einem dem Erwerbsgartenbau dienenden Grundstück dagegen kann von solcher Gefährdung keine Rede sein, weshalb dessen Einfriedung nicht verlangt werden kann.

7. Wegen der Ausnahmen vgl. § 19 Hess.NRG.

Beschaffenheit
§ 15 Hess.NRG

Die Einfriedung besteht aus einem ortsüblichen Zaun; läßt sich eine ortsübliche Einfriedung nicht feststellen, so besteht sie aus einem 1,2 m hohen Zaun aus verzinktem Maschendraht. Schreiben öffentlich-rechtliche Vorschriften eine andere Art der Einfriedung vor, so tritt diese an die Stelle der in Satz 1 genannten Einfriedungsart.

ANMERKUNGEN:

1. Hier wird geregelt, wie die Einfriedung, deren Errichtung verlangt werden kann, auszusehen hat.
Maßgebend ist in erster Linie das öffentliche Recht (etwa die Satzung einer Gemeinde), soweit dies eine bestimmte Art der Einfriedung – z. B. eine Hecke – vorschreibt; ist dies nicht der Fall, so ist die Ortsüblichkeit maßgebend. Besteht eine solche nicht, so ist ein 1,2 m hoher Zaun aus verzinktem Maschendraht in üblicher Ausführung zu errichten.

2. Die Nachbarn können jede andere Art der Einfriedung *vereinbaren* und werden dies auch oft tun, z. B. Mauer, Holzzaun, Hecke, Maschendraht in anderer Höhe als 1,2 m oder anderer Ausführung, auch die Anbringung von Plastik- oder Strohwänden.

Abstand von der Grenze

§ 16 Hess.NRG

(1) Die Einfriedung muß von der Grenze eines Grundstücks, das außerhalb eines im Zusammenhang bebauten Ortsteils liegt und nicht in einem Bebauungsplan als Bauland ausgewiesen ist, 0,5 m zurückbleiben, auch wenn ein Verlangen nach § 14 Abs. 1 nicht gestellt worden ist. Dies gilt nicht gegenüber Grundstücken, für die nach Lage, Beschaffenheit oder Größe eine Bearbeitung mit Gespann oder Schlepper nicht in Betracht kommt.

(2) Der Anspruch auf Beseitigung einer Einfriedung, die einen geringeren als den nach Abs. 1 vorgeschriebenen Abstand einhält, ist ausgeschlossen,

1. wenn die Einfriedung bei Inkrafttreten dieses Gesetzes vorhanden ist und ihr Abstand dem bisherigen Recht entspricht oder

2. wenn der Nachbar nicht binnen zwei Jahren nach der Errichtung Klage auf Beseitigung erhoben hat; diese Frist beginnt frühestens mit dem Inkrafttreten dieses Gesetzes.

(3) Wird eine Einfriedung, die einen geringeren als den nach Abs. 1 vorgeschriebenen Abstand einhält, durch eine andere ersetzt, so gilt Abs. 1.

ANMERKUNGEN:

1. Einen Abstand von 0,5 m von der Grenze muß die Einfriedung einhalten, wenn

a) der Eigentümer des Grundstücks zur Errichtung der Einfriedung auf Verlangen verpflichtet ist oder er die Einfriedung aus eigenen Stücken errichtet und

b) sein Grundstück außerhalb eines im Zusammenhang bebauten Ortsteils liegt und nicht in einem Bebauungsplan als Bauland ausgewiesen ist.

Der Abstand ist bei abschüssigem Gelände in der Horizontalen zu messen.

2. Der Grenzabstand braucht, auch wenn die Voraussetzungen der Anm. 1 vorliegen, nicht eingehalten zu werden, wenn das benachbarte Grundstück nach Lage, Beschaffenheit oder Größe nicht für eine Bearbeitung mit Gespann oder Schlepper in Betracht kommt. Diese objektive Tatsache hat im Streitfalle der zu beweisen, der sich für berechtigt hält, die Einfriedung unmittelbar an der Grenze zu errichten.

3. Die Vorschrift normiert kein neues Anwende- oder Schwengelrecht, da sie den Eigentümer des Nachbargrundstücks nicht berechtigt, den bei der Errichtung der Umfriedung freizulassenden Streifen von 0,5 m zu befahren oder zu betreten. Im Interesse der Bewirtschaftung von Grundstücken, die sich außerhalb eines im Zusammenhang bebauten Ortsteils befinden, nicht in einem Bebauungsplan als Bauland ausgewiesen sind und regelmäßig mit Gespann oder Schlepper bearbeitet werden, liegt es aber, daß das Wenden auf ihnen nicht durch eine unmittelbar an oder auf der Grenze stehende Einfriedung behindert wird. Die Größe des Abstandes entspricht dem, der bei bestehenden Anwende- und Schwengelrechten zu deren ungehinderter Ausübung in der Regel für erforderlich erachtet wird.
Wegen des Anwende- und Schwengelrechts vgl. Abschn. I Nr. 5, S. 9 und Vorbem. 1 c, S. 68.

4. Die *Beseitigung einer Einfriedung*, die den Abstand von 0,5 m von der Grenze nicht einhält, kann nicht verlangt werden, wenn
a) die Einfriedung bei Inkrafttreten des Hess.NRG (1. 11. 1962) vorhanden war und ihr Abstand dem *bisherigen Recht* entspricht (vgl. hierzu Vorbem. 1 und Abschn. I Nr. 3, S. 7),
b) der Nachbar bei Einfriedungen, die am 1. 11. 1962 vorhanden waren und *nicht* dem bisherigen Recht entsprechen, nicht binnen zwei Jahren Klage auf Beseitigung erhoben hat,
c) der Nachbar bei später errichteten Einfriedungen nicht binnen zwei Jahren nach Errichtung geklagt hat.

5. Ist die Einfriedung, die – zu- oder unzulässig – einen geringeren Abstand als 0,5 m von der Grenze hat, deren Beseitigung aber nach Abs. 2 nicht verlangt werden kann, schadhaft, so können einzelne Teile ergänzt oder erneuert werden, z. B. einzelne Stangen eines Staketenzaunes ersetzt werden. Handelt es sich aber um eine vollständige Erneuerung der Einfriedung, so darf sie an der bisherigen Stelle nicht mehr errichtet werden.

Kosten der Errichtung

§ 17 Hess.NRG

(1) In den Fällen des § 14 Abs. 1 Satz 2 und 3 tragen die beteiligten Grundstückseigentümer die Kosten der Errichtung der Einfriedung zu gleichen Teilen.

(2) Wird das an ein eingefriedetes Grundstück angrenzende Grundstück bebaut oder gewerblich genutzt, so ist der Eigentümer des angrenzenden Grundstücks, sofern eine Verpflichtung zur Übernahme anteiliger Errichtungskosten für ihn noch nicht entstanden ist, zur Zahlung einer Vergütung in Höhe der Hälfte der Kosten der Errichtung der Einfriedung unter angemessener Berücksichtigung der bisherigen Abnutzung verpflichtet; das gleiche gilt, wenn das angrenzende Grundstück in den im Zusammenhang bebauten Ortsteil einbezogen oder in einem Bebauungsplan als Bauland ausgewiesen wird, sofern der Eigentümer dieses Grundstücks oder sein Rechtsvorgänger die Errichtung der Einfriedung verlangt hatte.

(3) Der Berechnung sind die Errichtungskosten einer Einfriedung im Sinne des § 15, höchstens die tatsächlichen Aufwendungen, einschließlich der Eigenleistungen, zugrunde zu legen. Ist nur für eines der beiden Grundstücke eine Einfriedungsart nach § 15 Satz 2 vorgeschrieben, so sind der Berechnung die Errichtungskosten einer Einfriedung nach § 15 Satz 1, höchstens die tatsächlichen Aufwendungen, einschließlich der Eigenleistungen, zugrunde zu legen.

ANMERKUNGEN:

1. Die *Kosten* der Errichtung einer Einfriedung hat der Eigentümer zu tragen, der auf Verlangen des Nachbarn einseitig *verpflichtet* ist, die Einfriedung zu errichten. Diese einseitige Verpflichtung besteht nur, wenn das Grundstück des Nachbarn, der das Verlangen stellt,

a) nicht bebaut oder nicht gewerblich genutzt ist (wobei § 14 Abs. 3 Hess.NRG zu beachten ist) oder
b) nicht innerhalb eines im Zusammenhang bebauten Ortsteils gelegen ist oder
c) nicht in einem Bebauungsplan als Bauland ausgewiesen ist.

2. In den nicht in Anm. 1 erfaßten Fällen haben beide Nachbarn die Kosten der Errichtung zu gleichen Teilen zu tragen. Wegen der Berechnung der Kosten vgl. Abs. 3.

3. Der Nachbar, der die Kosten der Errichtung allein hat tragen müssen, kann nachträglich eine Beteiligung des anderen Nachbarn an den Kosten verlangen. Voraussetzung ist, daß das angrenzende Grundstück
a) nachträglich bebaut oder gewerblich genutzt wird,
b) jetzt innerhalb eines im Zusammenhang bebauten Ortsteils gelegen ist oder
c) jetzt in einem Bebauungsplan als Bauland ausgewiesen ist,
zu b) und c) ist Voraussetzung ferner, daß der Nachbar früher das Verlangen auf Errichtung der Einfriedung gestellt hatte.

Kosten der Unterhaltung
§ 18 Hess.NRG

(1) Die Kosten der Unterhaltung der Einfriedung tragen die beteiligten Grundstückseigentümer je zur Hälfte, wenn für sie oder ihre Rechtsvorgänger die Verpflichtung zur Tragung von Errichtungskosten begründet worden ist.

(2) § 17 Abs. 3 gilt entsprechend.

ANMERKUNGEN:

1. Hat der Nachbar die Kosten der Errichtung allein zu tragen, so fallen ihm auch die Kosten der Unterhaltung und Erneuerung der Einfriedung allein zur Last.

2. Sind beide Nachbarn verpflichtet, die Errichtungskosten gemeinschaftlich zu tragen, so haben sie auch für die Unterhaltungskosten je zur *Hälfte* aufzukommen. Unerheblich ist dabei, ob die Kosten für die Errichtung der Einfriedung von dem anderen Nachbarn auch tatsächlich angefordert und gezahlt worden sind.

3. Bei der Berechnung der Unterhaltungskosten ist entsprechend § 17 Abs. 3 Hess.NRG zu verfahren, das heißt, der eine Nachbar soll in den Fällen, in denen der andere bei der Errichtung Sonderwünsche hatte oder nur für ihn eine kostspieligere Einfriedung vorgeschrieben ist, hierdurch nicht belastet werden.

Ausnahmen

§ 19 Hess.NRG

Die §§ 14 bis 18 gelten nicht für Einfriedungen zwischen Grundstücken und den an sie angrenzenden öffentlichen Straßen, öffentlichen Grünflächen und Gewässern.

ANMERKUNGEN:

Die Vorschrift stellt klar, daß der Eigentümer einer öffentlichen Straße, einer öffentlichen Grünfläche oder eines öffentlichen oder privaten Gewässers nicht berechtigt ist, von dem Eigentümer des angrenzenden Grundstücks die Errichtung einer Einfriedung zu verlangen. Umgekehrt kann ein solches Verlangen auch nicht gegenüber dem Eigentümer des an eine öffentliche Straße, eine öffentliche Grünfläche oder ein Gewässer angrenzenden privaten Grundstücks gestellt werden. Damit entfällt zugleich die Verpflichtung einer Beteiligung an den Herstellungskosten einer Einfriedung und an ihren Unterhaltungskosten (vgl. auch Vorbem. Ziff. 3, S. 69).

Art der Grundstücke	Verlangen auf Errichtung einer Einfriedung kann stellen (§ 14 Abs. 1)	Einfriedung ist zu errichten (§ 14 Abs. 2 § 16 Abs. 1)	Es haben zu tragen die Errichtungskosten (§ 17)	Unterhaltungskosten (§ 18)
1. Die Grundstücke des A und B sind bebaut oder gewerblich genutzt	jeder der beiden Nachbarn	auf der Grenze	A und B je zu ½	A und B je zu ½
2. Das Grundstück des A ist bebaut oder gewerblich genutzt, das Grundstück des B ist unbebaut und nicht gewerblich genutzt, aber innerhalb eines im Zusammenhang bebauten Ortsteils gelegen oder in einem Bebauungsplan als Bauland ausgewiesen	nur B, nicht auch A	auf der Grenze	A und B je zu ½	A und B je zu ½
3. Das Grundstück des A ist bebaut oder gewerblich genutzt, das Grundstück des B ist unbebaut und nicht gewerblich genutzt, auch nicht innerhalb eines im Zusammenhang bebauten Ortsteils gelegen oder nicht in einem Bebauungsplan als Bauland ausgewiesen, die Bearbeitung mit Gespann oder Schlepper kommt nach Lage, Beschaffenheit oder Größe nicht in Betracht	nur B, nicht auch A	entlang der Grenze	A allein	A allein
4. Wie zu 3, aber die Bearbeitung mit Gespann oder Schlepper kommt nach Lage, Beschaffenheit oder Größe in Betracht	nur B, nicht auch A	0,5 m von der Grenze	A allein	A allein
5. Die Grundstücke des A und B sind unbebaut, auch nicht gewerblich genutzt; innerhalb eines im Zusammenhang bebauten Ortsteils gelegen oder in einem Bebauungsplan als Bauland ausgewiesen sind a) beide Grundstücke, b) nur ein Grundstück, c) kein Grundstück	keiner	—	—	—

Bemerkung: Sonderregelungen bestehen nach § 19 Hess.NRG für Einfriedungen zwischen Grundstücken und den an sie angrenzenden öffentlichen Straßen, öffentlichen Grünflächen und Gewässern.

VIII
Einwirkungen vom Nachbargrundstück

VORBEMERKUNGEN:

1. Der Grundstückseigentümer hat eine umfassende Sachherrschaft über sein Grundstück; er kann auf ihm tun und lassen, was er will (vgl. Vorbem. 1 zu Abschn. II, S. 20 und die Anm. 1 bis 4 zu § 903 BGB, S. 22 f.) Dies kann jedoch nur im Grundsatz gelten. Denn das Zusammenleben macht es notwendig, daß der eine Nachbar seine Herrschaftsbefugnisse beschränkt und Maßnahmen unterläßt, um den anderen nicht unnötig zu stören, oder daß der Eigentümer gezwungen wird, gewisse Vorkehrungen auf seinem Grundstück zu treffen, weil sonst der andere über Gebühr beeinträchtigt werden könnte. Umgekehrt muß der beeinträchtigte Nachbar gewisse Einwirkungen auf sein Grundstück hinnehmen, ohne hiergegen vorgehen zu können.

2. Mit den **Einwirkungen vom Nachbargrundstück** befassen sich die §§ 906 bis 909 BGB (Zuführung unwägbarer Stoffe, gefahrdrohende Anlagen, Gefahr des Einsturzes, Vertiefung) sowie die §§ 20 bis 25 Hess.NRG (Veränderung des Grundwasserspiegels, wild abfließendes Wasser).

A. Zuführung unwägbarer Stoffe (Immissionen)

§ 906 BGB

Der Eigentümer eines Grundstücks kann die Zuführung von Gasen, Dämpfen, Gerüchen, Rauch, Ruß, Wärme, Geräusch, Erschütterungen und ähnliche von einem anderen Grundstück ausgehende Einwirkungen insoweit nicht verbieten, als die Einwirkung die Benutzung seines Grundstücks nicht oder nur unwesentlich beeinträchtigt.

Das gleiche gilt insoweit, als eine wesentliche Beeinträchtigung durch eine ortsübliche Benutzung des anderen Grundstücks herbeigeführt wird und nicht durch Maßnahmen verhin-

dert werden kann, die Benutzern dieser Art wirtschaftlich zumutbar sind. Hat der Eigentümer hiernach eine Einwirkung zu dulden, so kann er von dem Benutzer des anderen Grundstücks einen angemessenen Ausgleich in Geld verlangen, wenn die Einwirkung eine ortsübliche Benutzung seines Grundstücks oder dessen Ertrag über das zumutbare Maß hinaus beeinträchtigt.

Die Zuführung durch eine besondere Leitung ist unzulässig.

ANMERKUNGEN:

1. § 906 BGB ist durch das Gesetz zur Änderung der GewO und Ergänzung des BGB vom 22. 12. 1959 (BGBl. I S. 781) geändert worden.

2. § 906 BGB behandelt die Zuführung von *Immissionen,* das heißt sinnlich wahrnehmbaren Einwirkungen. Außer den in Abs. 1 ausdrücklich genannten Störungen kommen vor allem in Betracht: Staub, Sand, Asche, Funken, elektrische Ströme, Bienenflug, Fliegenplage, greller Lichtschein, Störung des Rundfunkempfangs durch nicht abgeschirmte Geräte, auch Flug von Unkrautsamen von verwahrlosten Grundstücken. Vgl. hierzu insbesondere auch die Anm. 8 bis 11. Unzulässig ist es auch, Unkraut-Vernichtungsmittel so zu verwenden, daß der Ertrag des nachbarlichen Bodens in erheblichem Maße beeinträchtigt wird, BGH V ZR 54/83.

   Nach § 117 des Gesetzes über Ordnungswidrigkeiten in der Fassung vom 2. 1. 1975 (BGBl. I S. 81) mit letzter Änderung vom 17. 5. 1988 (BGBl. I S. 606) begeht eine Ordnungswidrigkeit, wer ungebührlicherweise ruhestörenden Lärm erregt. Polizei-Verordnungen sehen weitergehende Straftatbestände vor, um den ruhebedürftigen Menschen vor Lärm und vermeidbarem Geräusch zu schützen. Vgl. Hess. Polizei-VO über die Bekämpfung des Lärms in der Fassung vom 8. 12. 1970 (GVBl. S. 745), das BImmissionsSchG und das Gesetz zum Schutz gegen Fluglärm vom 16. 12. 1986 (BGBl. I S. 2441).

3. Der Nachbar muß die Zuführung von Einwirkungen auf sein Grundstück *dulden,* wenn
   a) hierdurch die Benutzung seines Grundstücks nicht oder nur unwesentlich beeinträchtigt wird (Abs. 1, vgl. Anm. 5) oder
   b) eine zwar wesentliche Beeinträchtigung des Grundstücks vorliegt, diese aber durch eine ortsübliche Benutzung des

anderen Grundstücks (vgl. Anm. 6) herbeigeführt wird und die wesentliche Beeinträchtigung nicht durch Maßnahmen verhindert werden kann, die dem störenden Nachbarn wirtschaftlich zumutbar sind.

4. In allen über Anm. 3 hinausgehenden Fällen ist die Störung unzulässig. Ferner, wenn die Einführung der Einwirkungen durch eine besondere Leitung vorgenommen wird. Wegen der zahlreichen Ausnahmen vgl. Anm. 13 bis 15.

5. Ob eine Störung *wesentlich* ist, ist im Einzelfall Tatfrage. Maßgebend ist hierbei das Empfinden des normalen Durchschnittsmenschen.

6. Ob eine Störung *ortsüblich* ist, muß nach den Verhältnissen in der betreffenden Gemeinde oder dem Ortsteil entschieden werden. Der Begriff ist je nach den Fortschritten des Verkehrs, der Technik und der Denkweise der beteiligten Volkskreise wandelbar. In einem Industriebezirk sind weitergehende Immissionen hinzunehmen als in einer Wohngegend.

7. Die Störung muß nicht von dem Nachbarn des unmittelbar anschließenden Grundstücks ausgehen. Störer kann auch, z. B. bei Störungen durch Asche oder Ruß, ein entfernt liegender Grundstückseigentümer sein.

8. Einflug von *Bienen:* Wie sich aus Anm. 2 ergibt, zählt zu den Immissionen im Sinne des § 906 BGB auch der Einflug von Bienen. Der beeinträchtigte Nachbar kann jedoch den Einflug einzelner Bienen nicht untersagen. Es muß sich vielmehr um Störungen handeln, die die Benutzung des Grundstücks mehr als unwesentlich beeinträchtigen und die auch nicht ortsüblich sind (vgl. Anm. 4 bis 6). Das gelegentliche Schwärmen von Bienen muß der Nachbar hinnehmen. Der beeinträchtigte Nachbar ist aber nicht gehindert, Hecken oder Zäune anzubringen, die die Bienen zwingen, in größeren Höhen das Grundstück zu überfliegen. Zum Aufstellen von Gift oder dergleichen, um die Bienen zu töten, ist er nicht berechtigt. Der beeinträchtigte Nachbar ist bei dem Aufstellen von Bienenstöcken auf dem Nachbargrundstück zu einer vorbeugenden Klage nach § 907 BGB nicht befugt, da Bienenstöcke mit dem Grund und Boden nicht fest verbunden sind

und daher nicht zu den Anlagen im Sinne des § 907 BGB zählen (vgl. Anm. 3 zu § 907 BGB, S. 85).

9. Einflug von *Tauben:* Nach herrschender Meinung rechnen einfliegende Tauben zu den Immissionen. Der beeinträchtigte Nachbar ist also berechtigt, gegen den Taubenhalter auf Unterbindung des Einflugs zu klagen, wenn die Voraussetzungen der Anm. 4 bis 6 vorliegen. Für entstandenen Schaden haftet der Taubenhalter nach § 833 BGB. Zum Schutze der Felder und Gärten gegen fremde Tauben ist das Gesetz vom 5. 10. 1956 (GVBl. S. 145) i. d. F. vom 16. 3. 1970 (GVBl. S. 243) ergangen, das die Festsetzung von Flugsperrzeiten vorsieht.

10. Beeinträchtigungen durch Hühner, Gänse, Enten und sonstiges *Geflügel:* Bei dem Eindringen von Geflügel auf ein Grundstück findet § 906 BGB keine Anwendung, da es sich hierbei nicht um Immissionen handelt. Dem beeinträchtigten Nachbarn steht das Notwehrrecht zu (§ 228 BGB, vgl. S. 26), er kann also die eingedrungenen Hühner usw. verjagen, nicht aber einfangen, um sie einzusperren. Er darf jedoch auf seinem Grundstück kein Gift auslegen, um das eingedrungene Geflügel zu töten. Der beeinträchtigte Nachbar ist berechtigt, von dem Geflügelhalter Unterlassung der Beeinträchtigung zu verlangen (§ 1004 BGB), ihm stehen auch wegen des verursachten Schadens im Rahmen des § 833 BGB (Tierhalterhaftung) Schadenersatzansprüche gegen den Geflügelhalter zu. Eier, die Hennen auf einem fremden Grundstück legen, gehören dem Geflügelhalter; wenn der beeinträchtigte Nachbar die Eier an sich nimmt, kann er auf Herausgabe verklagt werden.

11. Beeinträchtigungen durch *Hunde und Katzen:* Der beeinträchtigte Nachbar hat – wie im Falle der Anm. 10 – die Möglichkeit, Notwehrmaßnahmen zu ergreifen. Im übrigen kann er auf Unterlassung der Störung klagen und gegebenenfalls Schadenersatz verlangen.

12. Der beeinträchtigte Nachbar, der die Immissionen nicht zu dulden braucht, kann nach § 1004 BGB auf *Unterlassung der Störung klagen.* Soweit er wesentliche Beeinträchtigungen dulden muß (Anm. 3 b, 5), hat er Anspruch auf angemessenen Ausgleich in Geld. § 1004 BGB ist auf Seite 147 abgedruckt.

13. Beschränkungen des Eigentums ergeben sich aus dem Gesetz über die Beschränkung der Nachbarrechte gegenüber Betrieben, die für die Volksertüchtigung von besonderer Bedeutung sind, vom 13. 12. 1933 (RGBl. I S. 1058) und dem Gesetz über die Beschränkung der Nachbarrechte gegenüber Betrieben, die für die Volksgesundheit von besonderer Bedeutung sind, vom 18. 10. 1935 (RGBl. I S. 1247). Beide noch gültigen Gesetze schränken die Eigentumsrechte ein gegenüber *Sportplätzen, Turnhallen, Schwimmbädern* sowie *Krankenhäusern, Heilanstalten, Genesungsheimen* usw. Voraussetzung ist, daß der Betrieb wegen seiner besonderen Bedeutung für die Volksertüchtigung besonders genehmigt worden ist, oder daß es sich um Anstalten und Einrichtungen handelt, die für die Volksgesundheit von besonderer Bedeutung sind und von Bund, Land, Gemeinde oder einer sonstigen Körperschaft des öffentlichen Rechts betrieben werden. Der beeinträchtigte Nachbar kann nicht verlangen, daß der Betrieb eingestellt wird, oder daß Einrichtungen angebracht werden, die eine nachteilige Einwirkung ausschließen oder mindern. Sind die Nachteile so groß, daß sie dem beeinträchtigten Nachbarn trotz der Rücksicht, die der einzelne auf das Gemeinwohl zu nehmen hat, nicht zugemutet werden können, kann der Betrieb zur Zahlung einer Entschädigung verpflichtet werden.

14. Weitere Beschränkungen des Grundeigentümers bringt früher § 26 GewO, jetzt in etwas modifizierter Form § 14 des BImmissionsSchG. Er kann hiernach, soweit es sich um Einwirkungen von unanfechtbar genehmigten Anlagen handelt, nur Vorkehrungen verlangen, die die benachteiligenden Wirkungen ausschließen; soweit solche Vorkehrungen nach dem Stand der Technik nicht durchführbar oder wirtschaftlich nicht vertretbar sind, kann er lediglich Schadensersatz verlangen. Die Einstellung des Betriebes der Anlage kann nicht gefordert werden. § 14 des Gesetzes vom 15. 3. 1974 lautet:

Auf Grund privatrechtlicher, nicht auf besonderen Titeln beruhender Ansprüche zur Abwehr benachteiligender Einwirkungen von einem Grundstück auf ein benachbartes Grundstück kann nicht die Einstellung des Betriebes einer Anlage verlangt werden, deren Genehmigung unanfechtbar ist; es können nur Vorkehrungen verlangt werden, die die benachteiligenden Wirkungen ausschließen.

Soweit solche Vorkehrungen nach dem Stand der Technik nicht durchführbar oder wirtschaftlich nicht vertretbar sind, kann lediglich Schadensersatz verlangt werden.

Die VO über genehmigungsbedürftige Anlagen vom 24. 7. 1985 (BGBl. I S. 1586) mit Änderung vom 19. 5. 1988 (BGBl. I S. 608) zählt in 100 Positionen die Betriebe auf, welche genehmigungsbedürftig sind. Es handelt sich z. B. um Feuerungsanlagen, Müllverwertungsbetriebe, Anlagen zum Brennen und Mahlen von Gips, Kalk und Zement, Ziegelöfen, Schotterwerke, Gießereien, Schlachthöfe, Gerbereien usw. Dem Nachbarn, der durch Immissionen solcher Betriebe bedroht wird, steht aber frei, seine Einwendungen im Genehmigungsverfahren vorzubringen.

15. Eine Duldungspflicht besteht für den beeinträchtigten Nachbarn auch, soweit die Störungen auf der Ausübung staatlicher Hoheitsrechte beruhen, z. B. von öffentlichen *Schulen* ausgehen oder auf genehmigte, im öffentlichen Interesse eingerichtete lebenswichtige Betriebe, wie *Eisenbahn, Post, Elektrizitätswerk, Straßen, Autobahn*, zurückzuführen sind. Falls die Störungen über das zumutbare Maß hinausgehen und nicht ortsüblich sind, kann in allen diesen Fällen nur Schadensersatz, nie aber Betriebseinstellung verlangt werden.

16. Das öffentliche Recht enthält in den §§ 3, 55, 57 bis 59, 68 und 69 Hess.BauO, um die Volksgesundheit zu schützen und um Gefahren, Schäden und unzumutbare Nachteile oder Belästigungen auszuschließen, ins einzelne gehende Vorschriften für Aborträume, Waschküchen, Anlagen für Abwasser und Abfälle, Ställe und Gärfutterbehälter. Auf die im Anschluß an den Abschnitt I Nr. 9 (Seite 13 ff.) abgedruckten Regelungen wird verwiesen.

17. Die Rasenmäherlärm-VO (8. DVO zum BImmissionsSchG) vom 23. 7. 1987 (BGBl. I S. 1687) schreibt vor, daß Rasenmäher nicht betrieben werden dürfen an Sonn- und Feiertagen, sowie an Werktagen von 19 bis 7 Uhr; Ausnahmen gelten für lärmarme Geräte (Schalleistungspegel weniger als 88 Dezibel -A- bzw. Emissionswert weniger als 60 Dezibel-A-. Örtliche Polizeiverordnungen sehen mitunter weitere Sperrzeiten, insbesondere für die Mittagsstunden, vor, so die Hess. Polizei-VO vom 8. 12. 1970 (GVBl. S. 745) mit Sperrzeiten von 13 bis 15 Uhr.

B. Gefahrdrohende Anlagen
§ 907 BGB

Der Eigentümer eines Grundstücks kann verlangen, daß auf den Nachbargrundstücken nicht Anlagen hergestellt oder gehalten werden, von denen mit Sicherheit vorauszusehen ist, daß ihr Bestand oder ihre Benutzung eine unzulässige Einwirkung auf sein Grundstück zur Folge hat. Genügt eine Anlage den landesgesetzlichen Vorschriften, die einen bestimmten Abstand von der Grenze oder sonstige Schutzmaßregeln vorschreiben, so kann die Beseitigung der Anlage erst verlangt werden, wenn die unzulässige Einwirkung tatsächlich hervortritt.

Bäume und Sträucher gehören nicht zu den Anlagen im Sinne dieser Vorschriften.

ANMERKUNGEN:

1. § 907 BGB setzt – abgesehen von den Fällen nach Abs. 1 Satz 2 – nicht voraus, daß schon Störungen eingetreten sind, sondern nur, daß Störungen *mit Sicherheit vorauszusehen* sind und die Einwirkungen auf das Nachbargrundstück unzulässig wären.

2. Bei den Einrichtungen, deren Vorhandensein der Nachbar nicht zu dulden braucht, muß es sich um Werke und Einrichtungen von einer gewissen *Selbständigkeit* und *dauerndem Bestand* handeln, die von selbst (z. B. Frösche in Teichen) oder durch ihre Benutzung (z. B. Schweinestall, Müllgrube, Misthaufen) auf das Nachbargrundstück einwirken.

3. Nach überwiegender Rechtsansicht gehören zu den Anlagen des § 907 BGB *nicht* die Bienenstände, weil sie mit dem Grund und Boden nicht fest verbunden sind. Vgl. hierzu Anm. 8 zu § 906 BGB.

4. Nach den §§ 59, 68 und 69 Hess.BauO sind Sammelgruben, Dungstätten, Ställe, Gärfutterbehälter und ständige Schnitzelgruben so anzuordnen, herzustellen und zu unterhalten, daß Gefahren oder unzumutbare Nachteile und Belästigungen nicht entstehen. Auf die im Anschluß an den Abschnitt I Nr. 9 abgedruckten Vorschriften (Seite 18 f.) wird verwiesen, ferner auf Anm. 14 zu § 906 BGB (Seite 83).

5. Vgl. im übrigen die Anm. 2 bis 7 zu § 906 BGB.

6. Der Anspruch aus § 907 BGB unterliegt nicht der Verjährung (§ 924 BGB).

C. Gefahr des Einsturzes

§ 908 BGB

Droht einem Grundstücke die Gefahr, daß es durch den Einsturz eines Gebäudes oder eines anderen Werkes, das mit einem Nachbargrundstücke verbunden ist, oder durch die Ablösung von Teilen des Gebäudes oder des Werkes beschädigt wird, so kann der Eigentümer von demjenigen, welcher nach dem § 836 Abs. 1 oder den §§ 837, 838 für den eintretenden Schaden verantwortlich sein würde, verlangen, daß er die zur Abwendung der Gefahr erforderliche Vorkehrung trifft.

ANMERKUNGEN:

1. Der Nachbar, dessen Grundstück durch den Einsturz eines auf dem fremden Grundstück stehenden Bauwerks usw. bedroht wird, kann den anderen zur Beseitigung der drohenden Gefahr zwingen.

2. Es muß die Gefahr von *Beschädigungen* auf dem Grundstück des bedrohten Nachbarn bestehen. Verschulden des Nachbarn, von dessen Grundstück die Gefahr ausgeht, ist nicht erforderlich.

3. Die Gefahr des Einsturzes kann von einem Gebäude oder einem anderen Werk (z. B. einer Mauer, einem Damm, einer Erdaufschüttung, einer Stromleitung) ausgehen. Die Voraussetzungen des § 908 BGB sind auch gegeben, wenn die Gefahr besteht, daß Teile des Gebäudes oder Werkes (z. B. Gesimse, Verzierungen) sich lösen.

4. Der Anspruch richtet sich gegen den *Besitzer* des Grundstücks (also z. B. wenn der Eigentümer das Grundstück verpachtet oder vermietet hat, gegen den Pächter oder Mieter; § 836 Abs. 1 BGB) bzw. gegen den Besitzer des Gebäudes oder Werks (§ 837 BGB) oder gegen den, der für den Besitzer die

Unterhaltung des Gebäudes oder Werks übernommen hat. Die Vorkehrungen, die der Nachbar zur Beseitigung der Gefahr zu treffen hat, brauchen in Klageschrift und Urteil nicht einzeln angeführt zu werden. Es reicht aus, daß z. B. Verurteilung zur Beseitigung der näher bezeichneten Anlage erfolgt.

5. Der Anspruch aus § 908 BGB unterliegt nicht der Verjährung (§ 924 BGB).

D. Vertiefung
§ 909 BGB

Ein Grundstück darf nicht in der Weise vertieft werden, daß der Boden des Nachbargrundstücks die erforderliche Stütze verliert, es sei denn, daß für eine genügende anderweitige Befestigung gesorgt ist.

ANMERKUNGEN:

1. § 909 BGB schränkt die Einwirkungsmöglichkeiten des Eigentümers auf sein Grundstück ein. Er darf keine Vertiefung (Niveauveränderung, Ausgrabung) vornehmen, wenn dadurch der Boden des Nachbargrundstücks die erforderliche Stütze verliert und die Gefahr des Nachrutschens besteht (siehe Abbildung 13).

2. Der Grundstückseigentümer darf die Vertiefung vornehmen, wenn er eine hinreichende Böschung stehen läßt, die Gefah-

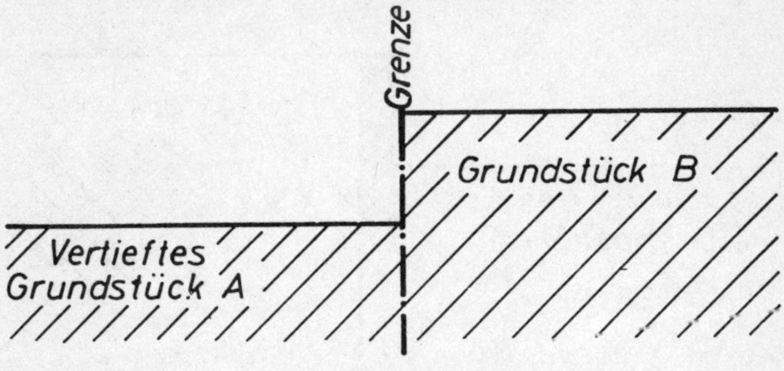

Abb. 13: Unzulässige Vertiefung

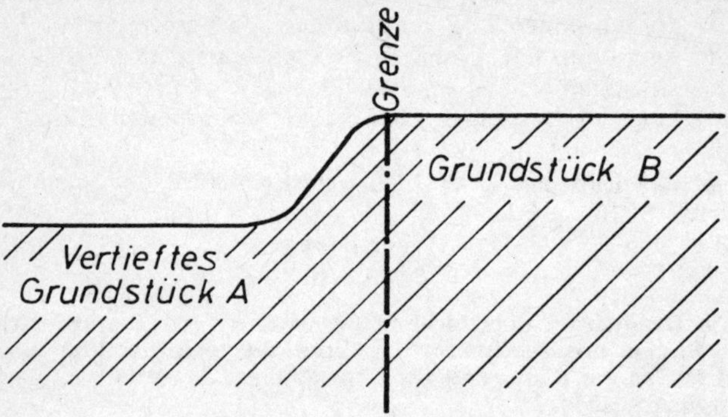

Abb. 14: Vertiefung mit stehengebliebener Böschung

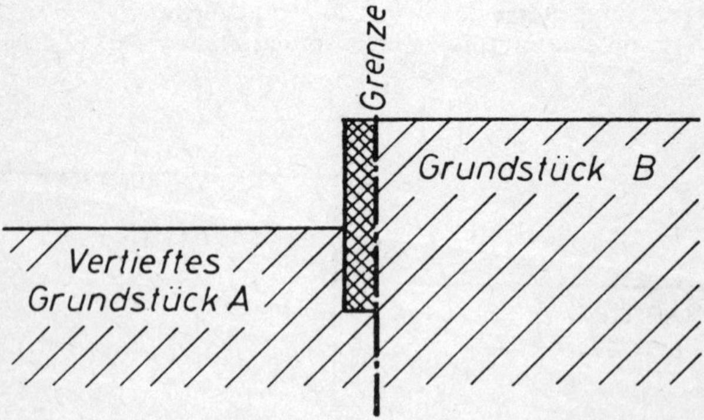

Abb. 15: Vertiefung mit Stützmauer

ren für das Nachbargrundstück ausschließt (siehe Abbildung 14). Gleiches gilt, wenn er auf seine Kosten für genügende Absteifung, insbesondere für eine ausreichende Stützmauer, sorgt (siehe Abbildung 15).

3. Der beeinträchtigte Nachbar kann gegen den Störer auf Unterlassung der Vertiefung bzw. Beseitigung der Störung klagen, auch Schadensersatzansprüche aus unerlaubter Handlung (§ 823 Abs. 2 BGB) geltend machen.

4. Der Anspruch auf Unterlassung oder Beseitigung der Vertiefung unterliegt nicht der Verjährung (§ 924 BGB); der Anspruch aus § 823 Abs. 2 BGB (unerlaubte Handlung) verjährt in drei Jahren nach Kenntnis des Schadens und der Person des Ersatzpflichtigen, spätestens aber in 30 Jahren nach der Begehung der Handlung (§ 852 BGB).

E. Veränderung des Grundwasserspiegels

VORBEMERKUNGEN:

1. Das Preußische Allgemeine Landrecht, das nur in den Gemeinden Neuseesen und Werleshausen galt, bestimmte in Teil I Titel 8 §§ 185 ff. allgemein, daß jemand, der seinen Grund und Boden erhöhen will, drei Fuß vom Zaun, der Mauer oder den Planken des Nachbarn zurückbleiben muß. Diese Vorschriften waren durch Art. 124 EGBGB und Art. 89 des Preuß.AGBGB für das Gebiet des ehemaligen Preußen aufrechterhalten worden. Sie behandelten also den Fall des Einwirkens auf den Untergrund nur unter dem Gesichtspunkt der Aufschüttung und versuchten, den Eintritt von Schäden irgendwelcher Art als Folge solcher Grundstückserhöhungen dadurch zu verhindern, daß für die Erhöhung ein bestimmter Mindestabstand von dem Nachbargrundstück vorgeschrieben wurde. In den anderen Partikularrechten fehlten entsprechende Vorschriften.

2. Die §§ 903 ff., insbesondere § 909 BGB, treffen nicht den Fall, daß durch Einwirkung auf den Untergrund eines Grundstücks – z. B. durch Pressen des Bodens als Folge einer Aufschüttung, der Errichtung eines Hochbaues oder anderer baulicher Maßnahmen – das Grundwasser zum Ansteigen gebracht wird, in das Gebäude des Nachbargrundstücks eindringt und Schaden hervorruft (vgl. RGZ 155 S. 154). Dieses Ergebnis erscheint unbefriedigend, da es sich in Fällen dieser Art um eine über das gewöhnliche Maß weit hinausgehende Art der Benutzung des eigenen Grundstücks handelt und oft sehr erheblicher Schaden hierdurch verursacht wird. Diese Lücke will das Hess.NRG schließen. (Aus amtlicher Begründung, Landtags-Drucksache Abt. I Nr. 1092/IV. Wahlperiode.)

§ 20 Hess.NRG

Der Eigentümer und die Nutzungsberechtigten eines Grundstücks dürfen auf dessen Untergrund mit physikalischen oder chemischen Mitteln nicht in einer Weise einwirken, daß der Grundwasserspiegel steigt oder sinkt und dadurch auf einem Nachbargrundstück erhebliche Beeinträchtigungen hervorgerufen werden.

ANMERKUNGEN:

1. Diese Vorschrift beschränkt den Grundstückseigentümer in seinem Herrschaftsbereich. Sie verbietet alle physikalischen und chemischen Einwirkungen auf den Untergrund des Grundstücks, die zu einem Steigen oder Absinken des Grundwassers und damit zu erheblichen Beeinträchtigungen auf dem Nachbargrundstück – z. B. zu einem Eindringen des Grundwassers in das Nachbargebäude bzw. einem Versiegen der Brunnen – führen können.

2. Beseitigung oder Unterlassung der Störung kann jeder verlangen, dessen Rechtsstellung beeinträchtigt ist. Schadenersatz

kann nur im Falle des Verschuldens gefordert werden (§ 823 Abs. 2 BGB).

3. Die Vorschrift des § 3 Abs. 2 des Wasserhaushaltsgesetzes wird durch § 20 Hess.NRG nicht berührt. Sie regelt als Benutzung das Aufstauen, Absenken und Umleiten von Grundwasser durch hierzu bestimmte oder durch geeignete Anlagen.

F. Wild abfließendes Wasser

VORBEMERKUNGEN:

1. In den ehemals preußischen Gebieten des heutigen Landes Hessen war das privatrechtliche Wasserrecht in den §§ 197 ff. Preuß.WasserG geregelt. Im Gebiet des Volksstaats Hessen war die Vorschrift des Art. 6 Abs. 2 des Hess. Bachgesetzes maßgebend, das zuletzt in der Fassung vom 1. Juli 1957 (GVBl. S. 77) galt. An die Stelle dieser Vorschriften ist alsdann § 73 Abs. 1 und 2 des Hess. WasserG getreten. Diese Regelung hat das Hess.NRG übernommen. Die Übernahme rechtfertigt sich aus der Erwägung, daß die Vorschrift des § 73 Abs. 1 und 2 Hess.WasserG als privat- und nachbarrechtliche Vorschrift systematisch richtig in das Nachbarrechtsgesetz gehört und daß nach ihrer Übernahme dorthin das Hess.WasserG ausschließlich öffentlich-rechtliche Vorschriften enthält.

2. Der Begriff des wild abfließenden Wassers in dem unten abgedruckten § 21 Abs. 1 Hess.NRG deckt sich mit dem gleichlautenden Begriff des Hess.WasserG. Die Vorschriften des § 21 Abs. 2 sowie der §§ 22 und 23 Hess.NRG entsprechen inhaltlich dem bisherigen § 73 Abs. 1 und 2 sowie dem § 12 Abs. 1 Hess.WasserG; wegen der Neufassung des § 73 Hess.WasserG vgl. § 47 Hess.NRG.

3. Die im Hess.NRG getroffenen Regelungen gelten nur, soweit die Beteiligten nichts anderes vereinbaren (§ 45 Hess.NRG).

4. Die Neuregelungen des Hess.NRG haben auch Bedeutung für Verhältnisse, die bereits vor dem 1. 11. 1962, dem Inkrafttreten des Hess.NRG, bestanden haben (§ 46).

Abfluß und Zufluß

§ 21 Hess.NRG

(1) Wild abfließendes Wasser ist oberirdisch außerhalb eines Bettes abfließendes Quell- oder Niederschlagswasser.

(2) Der Eigentümer und die Nutzungsberechtigten eines Grundstücks dürfen nicht

1. den Abfluß wild abfließenden Wassers auf Nachbargrundstücke verstärken,

2. den Zufluß wild abfließenden Wassers von Nachbargrundstücken auf ihr Grundstück hindern,

wenn dadurch die Nachbargrundstücke erheblich beeinträchtigt werden.

(3) Der Eigentümer und die Nutzungsberechtigten eines Grundstücks dürfen den Abfluß von Niederschlagswasser von ihrem Grundstück auf Nachbargrundstücke mindern oder unterbinden.

ANMERKUNGEN:

1. Das Gesetz unterscheidet
   a) Quellwasser, das oberirdisch außerhalb eines Bettes abfließt, und
   b) Niederschlagswasser (= Regenwasser).

   Wild abfließendes Wasser ist nicht Wasser in einem künstlich angelegten Bett oder in einer Leitung.

2. Bei *wild abfließendem Wasser* darf der Nachbar *nicht durch eigene Einwirkungen*

a) den Abfluß des Wassers von seinem Grundstück auf das fremde Grundstück verstärken,
b) den Zufluß von dem (höher liegenden) fremden Grundstück auf sein Grundstück hindern,

wenn dadurch bei den Nachbarn erhebliche Beeinträchtigungen eintreten. Als benachbart sind nicht nur die Grundstücke anzusehen, die unmittelbar aneinander grenzen, sondern alle Grundstücke, die von der Einwirkung erfaßt werden. Soweit durch *Naturereignisse* Veränderungen eintreten, vgl. § 22 Hess.NRG.

3. Den Abfluß von *Niederschlagswasser* auf das fremde Grundstück darf der Nachbar jederzeit mindern oder ganz unterbinden. Er darf also das Regenwasser für eigene Bedürfnisse sammeln und verwerten. Abs. 3, der dies vorschreibt, stellt insoweit eine bereits nach dem Hess.WasserG bestehende Rechtslage klar.

4. Bei unzulässiger Beeinträchtigung kann der in seinen Rechten gestörte Nachbar *Klage auf Unterlassung* (§ 1004 BGB) erheben.

5. § 36 Abs. 1 des Hess.WasserG enthält folgende öffentlichrechtliche Vorschrift:

„Es ist verboten, Wasser über die zugelassenen Höhen aufzustauen oder aufgestautes Wasser so abzulassen, daß für fremde Grundstücke oder Anlagen Gefahren oder Nachteile entstehen, die Ausübung von Rechten und Befugnissen zur Benutzung des Gewässers beeinträchtigt oder die Unterhaltung des Gewässers erschwert wird."

Wiederherstellung des früheren Zustandes

§ 22 Hess.NRG

(1) Haben Naturereignisse den Abfluß wild abfließenden Wassers von einem Grundstück auf ein Nachbargrundstück verstärkt oder den Zufluß wild abfließenden Wassers von einem Nachbargrundstück auf ein Grundstück gemindert oder unterbunden und wird dadurch das Nachbargrundstück erheblich beeinträchtigt, so müssen der Eigentümer und die Nutzungsberechtigten des Grundstücks die Wiederherstellung des

früheren Zustandes durch den Eigentümer und die Nutzungsberechtigten des beeinträchtigten Nachbargrundstückes dulden.

(2) Die Wiederherstellung muß binnen drei Jahren vom Ende des Jahres ab, in dem die Veränderung eingetreten ist, durchgeführt werden. Während der Dauer eines Rechtsstreits über die Verpflichtung zur Duldung der Wiederherstellung ist der Lauf der Frist für die Prozeßbeteiligten gehemmt.

ANMERKUNGEN:

1. Ist die in Anm. 2 zu § 21 Hess.NRG erwähnte Änderung in dem Wasserzu- oder -abfluß nicht durch Einwirkung des Nachbarn, sondern durch *Naturereignisse* eingetreten und ist dies mit einer erheblichen Beeinträchtigung verbunden, so kann der hierdurch benachteiligte Nachbar von sich aus und auf eigene Kosten Abhilfe schaffen. Die weiter beteiligten Nachbarn müssen diese Maßnahmen zur Wiederherstellung des früheren Zustandes dulden.

2. Der beeinträchtigte Nachbar kann klageweise gegen solche Nachbarn vorgehen, die seine Arbeiten auf ihrem Grundstück nicht dulden wollen. Abs. 2 setzt eine Ausschlußfrist für die Wiederherstellungsarbeiten; nach deren Ablauf entfällt die Duldungspflicht der beteiligten Nachbarn.

Schadensersatz, Sicherheitsleistung, Anzeigepflicht

§ 23 Hess.NRG

Schaden, der bei Ausübung des Rechts auf dem betroffenen Grundstück entsteht, ist zu ersetzen. Auf Verlangen ist Sicherheit in Höhe des voraussichtlichen Schadensbetrags zu leisten; in solchem Falle darf das Recht erst nach Leistung der Sicherheit ausgeübt werden.

§ 24 Hess.NRG

(1) Die Absicht, das Recht nach § 22 Abs. 1 auszuüben, ist zwei Wochen vor Beginn der Bauarbeiten dem Eigentümer und, soweit deren Rechtsstellung oder Besitzstand davon be-

rührt wird, auch den Nutzungsberechtigten des betroffenen Grundstücks anzuzeigen.

(2) Ist der Duldungspflichtige, der nicht unmittelbarer Besitzer ist, nicht bekannt oder infolge Aufenthalts im Ausland nicht alsbald erreichbar und hat er auch keinen Vertreter bestellt, so genügt insoweit die Anzeige an den unmittelbaren Besitzer.

§ 25 Hess.NRG

Ist die Ausübung des Rechts nach § 22 Abs. 1 zur Abwendung einer gegenwärtigen erheblichen Gefahr erforderlich, so entfällt die Verpflichtung zur Sicherheitsleistung und zur Anzeige.

ANMERKUNGEN:

1. § 23 Hess.NRG regelt *Schadensersatz* und *Sicherheitsleistung,* die der beeinträchtigte Nachbar zu leisten hat, der entsprechend § 22 Hess.NRG den früheren Zustand wieder herstellen will. Die Schadensersatzpflicht setzt kein Verschulden voraus.
2. § 24 Hess.NRG sieht vor, daß zuvor die *Absicht* angezeigt werden muß, wenn Wiederherstellungsarbeiten auf dem fremden Grundstück vorgenommen werden sollen. Die Anzeige, das Grundstück zu benützen, muß allen zugehen, die davon betroffen werden. Das ist in der Regel der Grundstückseigentümer – ihm steht der Erbbauberechtigte gleich –, im übrigen sind es die Nutzungsberechtigten des duldungspflichtigen Grundstücks, also Nießbraucher, Pächter und Mieter, soweit ihre Rechtsstellung oder ihr Besitzstand berührt würde.
3. Nach § 25 Hess.NRG entfällt die Verpflichtung zur Sicherheitsleistung (§ 23 Satz 2 Hess.NRG) und zur Anzeige (§ 24 Hess.NRG) in *Notfällen.*

IX

Dachtraufe

VORBEMERKUNGEN:

1. Früherer Rechtszustand:

Das Nassauische Privatrecht, ferner Ziff. IV ff. des Teils 6 Kap. III der Nassau-Katzenelnbogischen Landrechts-Ordnung, § 25 der Kurhessischen Bauordnung, § II des Teils 8 Titels III und § VIII des Teils 8 Titels VII der Frankfurter Reformation, die §§ 11 bis 14 Kap. 7 des Frankfurter Baustatuts und die §§ 59 und 61 Teil I Titel 22 des Preuß. Allg. Landrechts verstanden unter dem Traufrecht das Recht, die Traufe ohne Rücksicht auf das Nachbargrundstück ablaufen zu lassen, und zwar mit der entsprechenden Verpflichtung des Nachbarn, dieses Wasser aufzunehmen, auch wenn der natürliche Abfluß auf dem Boden nicht auf sein Grundstück ging.

Das Gemeine Recht hat das Traufrecht nur als eine Eigentumsvermutung entwickelt: Es sprach eine Vermutung dafür, daß der Streifen Land, so weit die Dachtraufe reichte, Eigentum dessen war, von dessen Dach das Wasser kam. Eine gleiche Vermutung bestand auch nach §§ 120 und 121 des Teils I Titels 8 des Preuß.Allg.Landrechts, das nur in den Gemeinden Neuseesen und Werleshausen galt, für Winkel oder Zwischenräume zwischen zwei Häusern, in die die Traufe nur des einen Nachbarn fiel (vgl. Landtags-Drucksache Abt. I Nr. 1092/IV. Wahlperiode).

2. Das Hess.NRG kennt ein Dachtraufrecht nur kraft besonderer Vereinbarung, allerdings unbeschadet der vor 1900 etwa ersessenen Grunddienstbarkeiten.

3. Die Nachbarn können andere Regelungen, als sie das Gesetz vorsieht, vereinbaren (§ 45 Hess.NRG).

4. Der Umfang von Rechten, die bei Inkrafttreten des Hess.NRG, dem 1. 11. 1962, bestanden, richtet sich von diesem Zeitpunkt ab nach dem neuen Recht (§ 46 Hess.NRG).

Niederschlagswasser

§ 26 Hess.NRG

(1) Der Eigentümer und die Nutzungsberechtigten eines Grundstücks müssen ihre baulichen Anlagen so einrichten, daß

1. Niederschlagswasser nicht auf das Nachbargrundstück tropft oder nach diesem abgeleitet wird,
2. Niederschlagswasser, das auf das eigene Grundstück tropft oder abgeleitet ist, nicht auf das Nachbargrundstück übertritt.
(2) Abs. 1 findet keine Anwendung auf freistehende Mauern entlang öffentlicher Straßen und öffentlicher Grünflächen.

ANMERKUNGEN:

1. Ohne besonderen Rechtsgrund (§ 27 Hess.NRG) ist es nicht zulässig, daß Niederschlagswasser von dem Dach einer baulichen Anlage auf das Nachbargrundstück tropft oder daß von der Leitung, die über dem Boden dieses Grundstücks endigt, Niederschlagswasser auf das Nachbargrundstück ausgestoßen wird. Ebenso verbietet diese Vorschrift, daß Niederschlagswasser, das auf den Boden abtropft oder abgeleitet ist und sich dort gesammelt hat, auf das angrenzende Grundstück übertritt. Im Gegensatz zu § 21 Hess.NRG (vgl. S. 92) muß es sich hierbei immer um Wasser handeln, das zuvor auf eine bauliche Anlage aufgetroffen war; strittig*

2. Beseitigung oder Unterlassung der Störung kann jeder verlangen, dessen Rechtsstellung beeinträchtigt ist.

3. Abs. 2 enthält eine Ausnahme für öffentliche Straßen und öffentliche Grünflächen, soweit es sich um freistehende Mauern (Umfassungsmauern) handelt. Die öffentlich-rechliche Zweckbestimmung der Straßen und Grünflächen sowie baugestalterische Erwägungen lassen die Regelung vertretbar oder mindestens zweckmäßig erscheinen, daß Niederschlagswasser von Umfassungsmauern auf die Straße oder eine öffentliche Grünfläche tropfen darf.

4. Nach § 58 Hess.BauO dürfen bauliche Anlagen nur errichtet werden, wenn die einwandfreie Beseitigung des Abwassers, einschließlich des Niederschlagwassers, dauernd gesichert ist; die Anlagen müssen so beschaffen sein, daß sie Gefahren oder unzumutbare Nachteile und Belästigungen ausschließen. § 58 ist auf Seite 17 abgedruckt.

*vgl. Hodes-Dehner, Hess. Nachbarrecht 4. Auflage S. 111

Anbringen von Sammel- und Abflußeinrichtungen
§ 27 Hess.NRG

(1) Der Eigentümer und die Nutzungsberechtigten eines Grundstücks, die aus besonderem Rechtsgrund verpflichtet sind, das von den baulichen Anlagen eines Nachbargrundstücks tropfende oder abgeleitete oder von dem Nachbargrundstück übertretende Niederschlagswasser aufzunehmen, sind berechtigt, auf eigene Kosten besondere Sammel- und Abflußeinrichtungen an der baulichen Anlage des traufberechtigten Nachbarn anzubringen, wenn die damit verbundene Beeinträchtigung nicht erheblich ist. Sie haben diese Einrichtungen zu unterhalten.

(2) Für die Verpflichtungen zum Schadensersatz und zur Anzeige gelten die §§ 23 und 24 entsprechend.

ANMERKUNGEN:

1. Wer aus besonderem Rechtsgrund (z. B. Vertrag oder Dienstbarkeit) zur Duldung der Traufe des Nachbarn verpflichtet ist, erhält durch Abs. 1 die Befugnis, auf seine Kosten Sammel- und Abflußeinrichtungen, also Dachrinnen und Abflußrohre, die er dann auch unterhalten muß, an der baulichen Anlage des Nachbarn anzubringen, um so die ihn beeinträchtigende Wirkung der Traufe abzumildern. Allerdings darf mit solchen Maßnahmen für den traufberechtigten Nachbarn keine erhebliche Beeinträchtigung verbunden sein.

2. Die Arbeiten dürfen erst vorgenommen werden, nachdem sie vorher fristgerecht angezeigt worden sind und entsprechend dem Verlangen des traufberechtigten Nachbarn Sicherheit für zu erwartende Schäden geleistet worden ist (vgl. §§ 23, 24 Hess.NRG und die Anm. hierzu).

X

Hammerschlags- und Leiterrecht

VORBEMERKUNGEN:

1. **Früherer Rechtszustand:**

Teil I Titel 8 § 155 des Preuß. Allg. Landrechts, das nur in den Gemeinden Neuseesen und Werleshausen galt, gab dem Grundstückseigentümer, der eine die Grenzscheide bildende Planke zu unterhalten hatte, lediglich das Recht, zu notwendigen Bau- und Ausbesserungsarbeiten an dieser Planke das Grundstück zu betreten. Durch Art. 89 Nr. 1b Preuß.AGBGB war diese Bestimmung für das ehemals preußische Gebiet aufrechterhalten worden. Art. 83 Hess.AGBGB gewährte dem Eigentümer, Nießbraucher, Mieter oder Pächter eines Gebäudes, dessen Ausbesserung oder Wiederherstellung ohne die Mitbenutzung des angrenzenden Grundstücks nicht möglich war, ein Hammerschlags- und Leiterrecht etwa in dem Umfang, wie es § 28 Hess.NRG normiert. Diese Vorschrift regelt das Hammerschlags- und Leiterrecht entsprechend den von der Rechtsprechung entwickelten Grundsätzen des nachbarlichen Gemeinschaftsverhältnisses, die aus den Regeln von Treu und Glauben erwachsen (Amtliche Begründung zum Hess.NRG – Landtags-Drucksache Abt. I Nr. 1092/IV. Wahlperiode).

2. Die beteiligten Grundstückseigentümer können das Hammerschlags- und Leiterrecht anders regeln (§ 45 Hess. NRG).

Inhalt und Umfang

§ 28 Hess.NRG

(1) Der Eigentümer und die Nutzungsberechtigten eines Grundstücks müssen dulden, daß ihr Grundstück von dem Eigentümer und den Nutzungsberechtigten des Nachbargrundstücks zwecks Errichtung, Veränderung, Unterhaltung oder Beseitigung einer baulichen Anlage betreten wird und daß auf oder über ihm Gerüste aufgestellt sowie die zu den Bauarbeiten erforderlichen Gegenstände über das Grundstück gebracht oder dort niedergelegt werden, wenn und soweit

1. das Vorhaben anders nicht zweckmäßig oder nur mit unverhältnismäßig hohen Kosten durchgeführt werden kann,

2. die mit der Duldung verbundenen Nachteile oder Belästigungen nicht außer Verhältnis zu dem von dem Berechtigten erstrebten Vorteil stehen und

3. das Vorhaben den baurechtlichen Vorschriften entspricht.

(2) Das Recht ist mit tunlichster Schonung auszuüben. Wird das betroffene Grundstück landwirtschaftlich oder gewerbsmäßig gärtnerisch genutzt, so darf das Recht nicht zur Unzeit geltend gemacht werden, wenn sich die Arbeiten unschwer auf einen späteren Zeitpunkt verlegen lassen.

(3) Abs. 1 findet auf die Eigentümer öffentlicher Straßen keine Anwendung.

ANMERKUNGEN:

1. Das Recht aus § 28 Hess.NRG steht dem Nachbarn zu, wenn
   a) sein Vorhaben (z. B. das Verputzen des Hauses) anders nicht zweckmäßig oder nur mit unverhältnismäßig hohen Kosten durchgeführt werden kann,
   b) die mit der Duldung für den Verpflichteten verbundenen Nachteile oder Belästigungen nicht außer Verhältnis zu dem von dem Berechtigten erstrebten Vorteil stehen und
   c) das Vorhaben den baurechtlichen Vorschriften entspricht.

2. Entgegen der früheren Regelung besteht das Hammerschlags- und Leiterrecht auch dann, wenn es sich um die Errichtung eines *Neubaues* handelt.

3. Abs. 2 schreibt zum Schutze des duldungspflichtigen Nachbarn vor, daß der berechtigte Nachbar sein Recht mit tunlichster Schonung auszuüben hat und unter den dort angegebenen Voraussetzungen nicht zur Unzeit geltend machen darf. Tut er dies doch, macht er sich unter Umständen schadensersatzpflichtig.

4. Nach Abs. 3 gilt das Hammerschlags- und Leiterrecht *nicht* gegenüber dem *Eigentümer öffentlicher Straßen.* Insoweit kommt öffentliches Recht in Betracht. Danach besteht im allgemeinen ebenfalls die Möglichkeit zur Aufstellung von Ge-

rüsten für Bauarbeiten, soweit dadurch der Gemeingebrauch nicht gefährdet wird. Es ist erforderlich, eine Erlaubnis für die Sondernutzung einzuholen.

5. Soweit der Nachbar zur Duldung verpflichtet ist, kann im Weigerungsfall der Berechtigte Klage auf Duldung erheben.

Schadensersatz und Anzeigepflicht
§ 29 Hess.NRG

Für die Verpflichtung zum Schadensersatz und zur Anzeige gelten die §§ 23 bis 25 entsprechend.

ANMERKUNGEN:

1. Der Duldungspflicht des Nachbarn (§ 28 Hess.NRG) steht die Verpflichtung zum Ersatz des aus der Ausübung der Rechte erwachsenden Schadens ohne Rücksicht auf Verschulden gegenüber. Ferner muß – außer im Falle der Not – vor Beginn der Arbeiten rechtzeitig, das heißt zwei Wochen vor Beginn der Ausübung des Rechts, Anzeige erstattet und auf Verlangen Sicherheit geleistet werden (§§ 23 bis 25 Hess.NRG).

2. Die Anzeige ist an alle zu richten, die durch die Ausübung des Rechts beeinträchtigt werden, also an Eigentümer, Erbbauberechtigten, Nießbraucher, Mieter, Pächter und sonstige Besitzer.

XI

Notweg, Duldung von Leitungen

A. Notweg

VORBEMERKUNGEN:

1. Die Lage der Grundstücke kann so sein, daß einzelne Grundstücke keinen unmittelbaren Zugang zu einem öffentlichen Weg haben oder daß sie nur über ein fremdes Grundstück an das Versorgungs- und Abwassernetz angeschlossen werden können. Für den ersteren Fall gewähren die §§ 917 und 918 BGB ein gesetzliches **Notwegrecht.** Daneben steht es natürlich den Nachbarn frei, ein entsprechendes Wegerecht zu vereinbaren und erforderlichenfalls als Dienstbarkeit in das Grundbuch eintragen zu lassen. Wegen der Verlegung von **Leitungen** durch fremde Grundstücke vgl. nachstehend unter **B.**

2. In welchem Umfang ein **vertraglich** gewährtes Wegerecht ausgeübt werden darf, ergibt sich in erster Linie aus den getroffenen Vereinbarungen. Im allgemeinen wird man annehmen können, daß das dienende Grundstück, das heißt das Grundstück, über das der Weg führt, auch für eine weitergehende Benutzung als der ursprünglich eingeräumten herangezogen werden kann, wenn sich ein Bedürfnis hierzu ergeben hat (z. B. aus einer Wiese ein Acker wird, der häufiger betreten werden muß). Dies gilt allerdings nicht, wenn sich die Benutzungsart des herrschenden Grundstücks, das heißt des Grundstücks, zu dessen Gunsten das Wegerecht besteht, wesentlich geändert hat, z. B. aus einem Wohnhaus ein Bürohaus mit starkem Kundenverkehr oder eine Gastwirtschaft geworden ist.

3. Nach § 4 Abs. 1 Nr. 2 Hess.BauO muß das Grundstück, auf dem Gebäude errichtet werden sollen, in einer solchen Breite an eine befahrbare öffentliche Verkehrsfläche grenzen oder eine solche öffentlich-rechtlich ge-

sicherte Zufahrt zu einer befahrbaren öffentlichen Verkehrsfläche haben, daß der Einsatz von Feuerlösch- und Rettungsgeräten ohne Schwierigkeiten möglich ist.

Duldungspflicht

§ 917 BGB

Fehlt einem Grundstücke die zur ordnungsmäßigen Benutzung notwendige Verbindung mit einem öffentlichen Wege, so kann der Eigentümer von den Nachbarn verlangen, daß sie bis zur Hebung des Mangels die Benutzung ihrer Grundstücke zur Herstellung der erforderlichen Verbindung dulden. Die Richtung des Notwegs und der Umfang des Benutzungsrechts werden erforderlichen Falles durch Urteil bestimmt.

Die Nachbarn, über deren Grundstücke der Notweg führt, sind durch eine Geldrente zu entschädigen. Die Vorschriften des § 912 Abs. 2 Satz 2 und der §§ 913, 914, 916 finden entsprechende Anwendung.

ANMERKUNGEN:

1. § 917 BGB bringt eine gesetzliche Beschränkung des Eigentums. Voraussetzung für die Duldung des Notweges ist, daß
   a) eine *Verbindung* des zurückliegenden Grundstücks zu einem *öffentlichen Weg* fehlt; dies ist nicht der Fall, wenn ein – vielleicht auch unbequemer – Zugang zu einem öffentlichen Weg besteht; der Notweg kann über mehrere Grundstücke desselben oder verschiedener Eigentümer gehen;
   b) der Notweg zur ordnungsgemäßen Bewirtschaftung des herrschenden *Grundstücks* notwendig ist; dies gilt auch bei einer Änderung der Benutzungsart.

   Vgl. Abbildung 16.

2. Verpflichtet, den Notweg zu dulden, ist der Eigentümer des dienenden Grundstücks, ebenso der Miteigentümer, Erbbauberechtigte, Wohnungseigentümer, Dienstbarkeitsberechtigte, nicht aber der Nießbraucher oder Pächter.

3. Berechtigt sind Eigentümer, Miteigentümer, Erbbauberechtigter, Wohnungseigentümer des herrschenden Grundstücks,

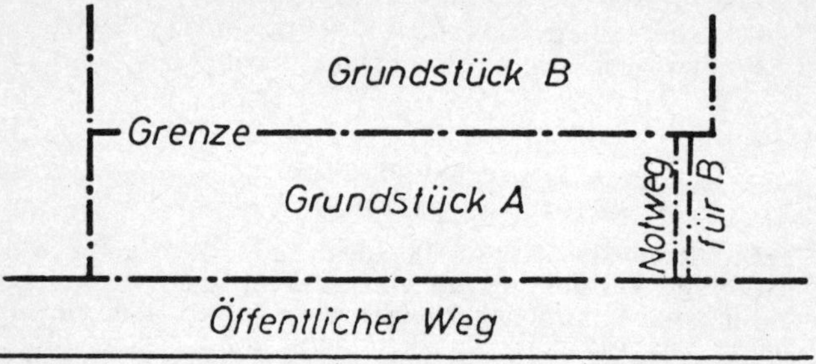

Abb. 16: Notweg

nicht aber Nießbraucher und Pächter. Letztere dürfen jedoch, ohne daß sie Berechtigte sind (also ein eigenes Recht haben), den Notweg benutzen.

4. Falls für die *Richtung des Notweges* verschiedene Grundstücke in Betracht kommen, hat in erster Linie der Eigentümer des herrschenden Grundstücks zu entscheiden, von welchem der Nachbarn er die Duldung des Notweges verlangt. Er muß hierbei aber auf die natürlichen Verhältnisse Rücksicht nehmen und vor allem darauf, daß der Eigentümer des dienenden Grundstücks möglichst wenig beeinträchtigt wird. Nur in diesem engen Rahmen kann der in Anspruch genommene Eigentümer Einwendungen gegen das Begehren des Eigentümers des herrschenden Grundstücks vorbringen.
5. Der *Umfang* des gesetzlichen Notwegrechts richtet sich nach den Bedürfnissen des herrschenden Grundstücks. Zu dulden ist die nach Lage des Einzelfalls notwendige Verbindung, also unter Umständen auch ein befestigter Weg. Im Streitfalle hat das Gericht durch Urteil den Umfang des Benutzungsrechts zu bestimmen.
6. Den Notweg hat der Eigentümer des herrschenden Grundstücks zu *unterhalten.*
7. Der Eigentümer des dienenden Grundstücks hat Anspruch auf eine *Geldrente.* Diese ist nicht erst von dem Zeitpunkt

zu zahlen, in dem das Notwegrecht in Anspruch genommen wird; sie wird vielmehr fällig mit der Entstehung der Duldungspflicht. Die §§ 912 bis 914 und 916 BGB, auf die verwiesen wird, sind auf Seite 38 ff. erläutert.

8. Die Duldungspflicht besteht nicht mehr, wenn für das herrschende Grundstück ein ausreichender Zugang geschaffen worden ist.

9. Der Anspruch aus § 917 BGB unterliegt nicht der Verjährung (§ 924 BGB).

Besondere Fälle
§ 918 BGB

Die Verpflichtung zur Duldung des Notwegs tritt nicht ein, wenn die bisherige Verbindung des Grundstücks mit dem öffentlichen Wege durch eine willkürliche Handlung des Eigentümers aufgehoben wird.

Wird infolge der Veräußerung eines Teiles des Grundstücks der veräußerte oder der zurückbehaltene Teil von der Verbindung mit dem öffentlichen Wege abgeschnitten, so hat der Eigentümer desjenigen Teiles, über welchen die Verbindung bisher stattgefunden hat, den Notweg zu dulden. Der Veräußerung eines Teiles steht die Veräußerung eines von mehreren demselben Eigentümer gehörenden Grundstücken gleich.

ANMERKUNGEN:

1. Ein Notwegrecht besteht nicht, wenn der Eigentümer des herrschenden Grundstücks durch einen *Willkürakt* die bisherige Verbindung seines Grundstücks mit einem öffentlichen Weg beseitigt hat, z. B. durch Verzicht auf ein vertragliches Wegerecht, durch Errichtung einer Mauer, die den Zugang zur Straße hindert. Auf ein schuldhaftes Handeln kommt es hierbei nicht an. Beweispflichtig dafür, daß eine willkürliche Aufhebung der Verbindung zur Straße vorliegt, ist der Eigentümer des für den Notweg in Anspruch genommenen Grundstücks.

2. Abs. 2 regelt das Notwegrecht für den Sonderfall, daß ein Grundstück *geteilt* wird und durch die Teilung der veräußerte oder zurückbehaltene Teil von der Verbindung mit einem öffentlichen Weg abgeschnitten wird. In diesem Fall hat der

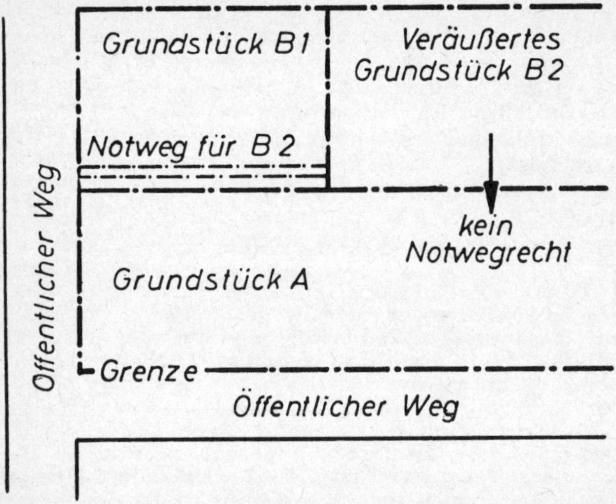

Abb. 17: Notweg nach Veräußerung eines Grundstücksteils (§ 918 Abs. 2 BGB)

Eigentümer des zurückliegenden Grundstücks nicht das Recht, zu bestimmen, welchen Nachbarn er auf Duldung des Notweges in Anspruch nehmen will (vgl. Anm. 4 zu § 917 BGB); der Notweg besteht vielmehr nur über den Teil des Grundstücks, über den bisher die Verbindung zum öffentlichen Weg bestand. Vgl. Abbildung 17.

3. Der Anspruch aus § 918 Abs. 2 BGB unterliegt nach § 924 BGB nicht der Verjährung.

B. Duldung von Leitungen

VORBEMERKUNGEN:

1. Das BGB enthält für den Fall keine Vorschriften, daß für den zurückliegenden Nachbarn Schwierigkeiten bestehen, sein Grundstück an die **Versorgungs- und Abwas-**

serleitungen anzuschließen. Auch in dem früher in Hessen geltenden Partikularrecht war die Duldung von Leitungen nicht geregelt. Der Entwurf zum Bundesbaugesetz (Bundestags-Drucksache Nr. 336/III. Wahlperiode) enthielt in dem Abschnitt „Bauliches Nachbarrecht", der nicht Gesetz geworden ist, in § 174 eine Vorschrift über die Duldung von Leitungen. Diese hatte ihr Vorbild in dem noch gültigen § 12 des Telegrafenwegegesetzes vom 18. 12. 1899 (RGBl. S. 705); danach ist der Grundstückseigentümer verpflichtet, unter bestimmten Voraussetzungen zu dulden, daß durch den Luftraum seines Grundstücks *Telegrafen- und Fernsprechleitungen* gezogen werden. Der genannte § 12 hat folgenden Wortlaut:

„Die Telegraphenverwaltung ist befugt, Telegraphenlinien durch den Luftraum über Grundstücken, die nicht Verkehrswege im Sinne dieses Gesetzes sind, zu führen, soweit nicht dadurch die Benutzung des Grundstücks nach den zur Zeit der Herstellung der Anlage bestehenden Verhältnissen wesentlich beeinträchtigt wird. Tritt später eine solche Beeinträchtigung ein, so hat die Telegraphenverwaltung auf ihre Kosten die Leitungen zu beseitigen.

Beeinträchtigungen in der Benutzung eines Grundstücks, welche ihrer Natur nach lediglich vorübergehend sind, stehen der Führung der Telegraphenlinien durch den Luftraum nicht entgegen, doch ist der entstehende Schaden zu ersetzen. Ebenso ist für Beschädigungen des Grundstücks und seines Zubehörs, die infolge der Führung der Telegraphenlinien durch den Luftraum eintreten, Ersatz zu leisten.

Die Beamten und Beauftragten der Telegraphenverwaltung, welche sich als solche ausweisen, sind befugt, zur Vornahme notwendiger Arbeiten an Telegraphenlinien, insbesondere zur Verhütung und Beseitigung von Störungen, die Grundstücke nebst den darauf befindlichen Baulichkeiten und deren Dächern mit Ausnahme der abgeschlossenen Wohnräume während der Tagesstunden nach vorheriger schriftlicher Ankündigung zu betreten. Der dadurch entstehende Schaden ist zu ersetzen."

2. Das Hess.NRG hat die Grundgedanken der unter Nr. 1 genannten Vorschriften *für Versorgungs- und Abwasserleitungen* übernommen und ausgebaut. Nach der amtlichen Begründung zum Hess.NRG (Landtags-Drucksache Abt. I Nr. 1092/IV. Wahlperiode) macht der zeitgemäße Städtebau

die Inanspruchnahme öffentlicher Versorgungsbetriebe sowie des zentralen Entwässerungsnetzes notwendig. Dabei wird das einzelne Grundstück nicht immer unmittelbar an den Hauptstrang angeschlossen werden können, so daß die Leitungen durch ein angrenzendes Grundstück oder mehrere dazwischenliegende Grundstücke verlegt werden müssen. Zwar schließen § 4 Abs. 1 Nr. 2 und § 23 Abs. 2 Hess. BauO eine Bebauung von Grundstücken ohne Zugang zur Straße grundsätzlich aus. Besteht dieser Zugang aber nur infolge eines dinglichen Wegerechts über ein angrenzendes Grundstück, so ist damit noch nicht die Befugnis zur Verlegung von Leitungen durch dieses Grundstück gegeben. Im übrigen können noch mannigfaltige Gründe technischer oder finanzieller Art den Anschluß nicht über den vorhandenen Zugangsweg zur Straße, sondern über ein angrenzendes Grundstück notwendig erscheinen lassen.

3. Bei dem sogenannten *Notleitungsrecht* des Hess.NRG sind folgende Fälle zu unterscheiden:

a) Der berechtigte Nachbar legt eine Leitung durch das Nachbargrundstück, ohne daß Anschlußleitungen bestehen: § 30 Abs. 1 Hess.NRG;
b) der berechtigte Nachbar schließt an die auf dem Nachbargrundstück bereits vorhandene Leitung an: § 30 Abs. 2 Hess.NRG;
c) der duldungspflichtige Nachbar schließt seinerseits an eine bereits vorhandene Leitung an, die der Berechtigte (das heißt der Eigentümer des Nachbargrundstücks) hat verlegen lassen: § 34 Abs. 1 Hess.NRG.

Vgl. Abbildungen 18 bis 20.

4. Die Nachbarn können andere Regelungen vereinbaren, als sie das Gesetz vorschreibt (§ 45 Hess.NRG).

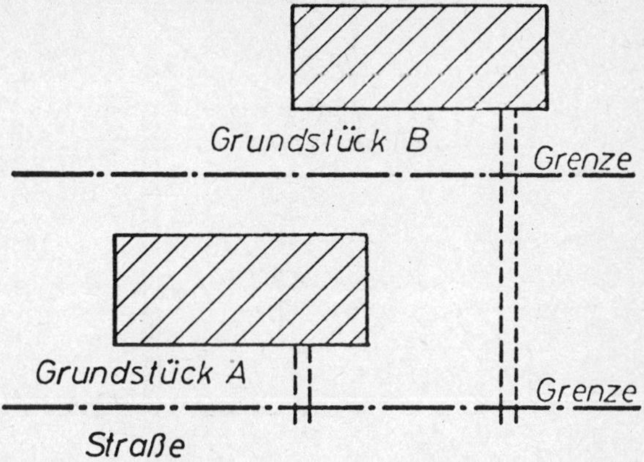

Abb. 18: Leitungen ohne Anschlußleitungen (§ 30 Abs. 1 Hess.NRG)

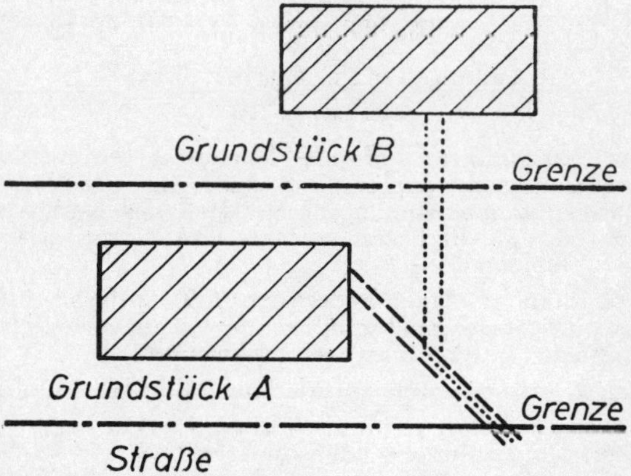

Abb. 19: B schließt an die Leitung des A an (§ 30 Abs. 2 Hess.NRG)

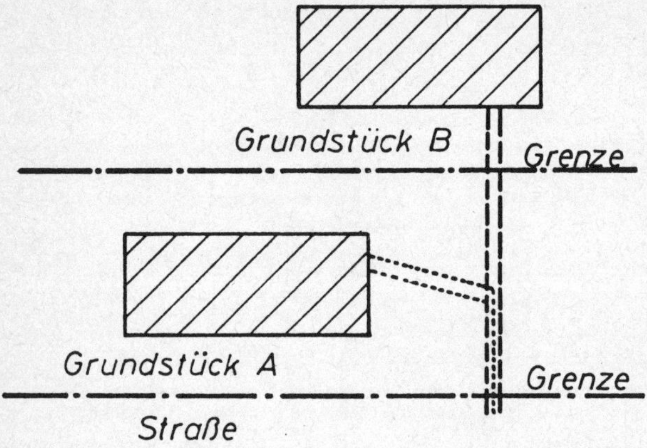

Abb. 20: A schließt an die durchgelegte Leitung des B an (§ 34 Hess.NRG)

5. Der Umfang von Rechten, die bei Inkrafttreten des Hess.NRG, dem 1. 11. 1962, bestehen, richten sich von diesem Zeitpunkt ab nach dem neuen Recht (§ 46 Hess.NRG).

Leitungen in Privatgrundstücken

§ 30 Hess.NRG

(1) Der Eigentümer und die Nutzungsberechtigten eines Grundstücks müssen dulden, daß durch ihr Grundstück der Eigentümer und die Nutzungsberechtigten des Nachbargrundstücks auf ihre Kosten Versorgungs- und Abwasserleitungen hindurchführen, wenn

1. der Anschluß an das Versorgungs- und Entwässerungsnetz anders nicht zweckmäßig oder nur mit unverhältnismäßig hohen Kosten durchgeführt werden kann und

2. die damit verbundene Beeinträchtigung nicht erheblich ist.

(2) Ist das betroffene Grundstück an das Versorgungs- und Entwässerungsnetz bereits angeschlossen und reichen die vorhandenen Leitungen aus, um die Versorgung oder Entwässerung der beiden Grundstücke durchzuführen, so beschränkt sich

die Verpflichtung nach Abs. 1 auf das Dulden des Anschlusses. Im Falle des Anschlusses ist zu den Herstellungskosten des Teils der Leitungen, der nach dem Anschluß mitbenutzt werden soll, ein angemessener Beitrag und auf Verlangen Sicherheit in Höhe des voraussichtlichen Beitrags zu leisten. In solchem Falle darf der Anschluß erst nach Leistung der Sicherheit vorgenommen werden.

(3) Bestehen mehrere Möglichkeiten der Durchführung, so ist die für das betroffene Grundstück schonendste zu wählen.

ANMERKUNGEN:

1. Die Verpflichtung, die *Durchführung* von Versorgungs- und Abwasserleitungen durch das eigene (bebaute oder unbebaute) Grundstück zu dulden, setzt voraus, daß andernfalls der Anschluß des zurückliegenden Grundstücks an das Versorgungs- und Entwässerungsnetz nicht zweckmäßig oder nur mit unverhältnismäßig hohen Kosten durchführbar wäre; darüber hinaus darf in keinem Falle eine erhebliche Beeinträchtigung entstehen.

2. Abs. 2 schränkt die Verpflichtung des § 30 Abs. 1 Hess.NRG auf die Duldung des *Anschlusses* ein, wenn auf dem duldungspflichtigen Grundstück ein Anschluß an das Versorgungs- und Entwässerungsnetz bereits vorhanden ist und die vorhandenen Leitungen ausreichen, um die Versorgung oder Entwässerung beider Grundstücke durchzuführen. Voraussetzung ist auch hier, daß die Versorgung oder Entwässerung des Grundstücks anders nicht zweckmäßig oder nur mit unverhältnismäßig hohen Kosten durchführbar wäre und daß die mit dem Anschluß verbundene Beeinträchtigung nicht erheblich ist. Im Falle des Anschlusses ist ein angemessener Beitrag zu den Kosten der Herstellung des Teils der Leitungen zu leisten, die nach dem Anschluß mitbenutzt werden sollen. Vorherige Sicherheitsleistung kann verlangt werden. Der Anschluß darf in diesem Fall erst nach der Leistung der Sicherheit vorgenommen werden.

3. § 30 Hess.NRG gilt nicht nur für Wasser- und Abwasserleitungen, sondern auch für *Gas-*, *Strom-* und *Lichtleitungen*

sowie für Rohre der Fernheizung. Unter § 30 Hess.NRG fallen nicht Zuleitungen zu Öltanks, da es sich hierbei nicht um einen Anschluß an ein Versorgungsnetz handelt. (Wegen der Telegrafen- und Fernsprechleitungen (vgl. Vorbem. 1, S. 106 f.).

4. Abs. 3 regelt den Fall, daß mehrere Möglichkeiten für die Durchführung der Leitungen bestehen. Es ist der für das betroffene Grundstück schonendste Weg zu wählen.

5. § 30 Hess.NRG wirkt sich nur in dem engen Raum des bürgerlichen Rechts aus; er läßt öffentlich-rechtliche Vorschriften, z. B. auch § 83 Hess.WasserG, unberührt (vgl. § 45 Hess.NRG). § 83 Abs. 1 Hess.WasserG bestimmt, daß die Eigentümer und Nutzungsberechtigten von Grundstücken auf Anordnung der oberen Wasserbehörde (Regierungspräsident) verpflichtet sind, das ober- und unterirdische Durchleiten von Wasser und Abwasser und die Unterhaltung der Leitungen zu dulden, wenn dies zur Be- oder Entwässerung von Grundstücken, zur Fortleitung von Wasser oder Abwasser oder zu Zwecken der Teichwirtschaft oder zur Errichtung einer Stau- oder Triebwerksanlage erforderlich ist. § 84 Hess.WasserG schreibt vor, daß der Unternehmer einer Grundstücksentwässerungs-, Wasserversorgungs- oder Abwässeranlage auf Anordnung der oberen Wasserbehörde verpflichtet ist, einem anderen den Anschluß zu gestatten.

Unterhaltung von Leitungen
§ 31 Hess.NRG

(1) Der Berechtigte hat die nach § 30 Abs. 1 verlegten Leitungen oder die nach § 30 Abs. 2 hergestellten Anschlußleitungen auf seine Kosten zu unterhalten. Zu den Unterhaltungskosten der Teile der Leitungen, die von ihm mitbenutzt werden, hat er einen angemessenen Beitrag zu leisten.

(2) Zur Durchführung von Maßnahmen im Sinne des Abs. 1 Satz 1 darf der Berechtigte das betroffene Grundstück betreten.

ANMERKUNGEN:

1. Der Berechtigte hat selbst auf *eigene Kosten* zu unterhalten:
   a) bei den durch das fremde Grundstück hindurchgelegten Leitungen (§ 30 Abs. 1 Hess.NRG): die gesamten Leitungen;
   b) bei Leitungen, die von ihm an schon bereits vorhandene Leitungen angeschlossen worden sind (§ 30 Abs. 2 Hess. NRG): das Anschlußstück; ferner hat der Berechtigte für den gemeinsamen Teil der Leitungen einen angemessenen Beitrag zu den Unterhaltungskosten in Geld zu leisten.
2. Damit der Berechtigte die ihm obliegenden Arbeiten durchführen oder durchführen lassen kann, dürfen er und die von ihm Beauftragten das fremde Grundstück betreten.

Schadensersatz und Anzeigepflicht

§ 32 Hess.NRG

Für die Verpflichtungen zum Schadensersatz und zur Anzeige gelten die §§ 23 bis 25 entsprechend.

ANMERKUNGEN:

Der Duldungspflicht des Nachbarn (§§ 30, 31 Hess.NRG) steht die Verpflichtung zum Ersatz des aus der Ausübung der Rechte erwachsenden Schadens ohne Rücksicht auf Verschulden gegenüber. Ferner muß – außer im Falle der Not – vor Beginn der Arbeiten rechtzeitig, das heißt zwei Wochen vor Beginn der Ausübung des Rechts, Anzeige erstattet und auf Verlangen Sicherheit geleistet werden (§§ 23 bis 25 Hess.NRG, vgl. die Anmerkungen zu diesen Paragraphen).

Nachträgliche erhebliche Beeinträchtigungen

§ 33 Hess.NRG

(1) Führen die nach § 30 Abs. 1 verlegten Leitungen oder die nach § 30 Abs. 2 hergestellten Anschlußleitungen nachträglich zu einer erheblichen Beeinträchtigung, so können der Eigentümer und die Nutzungsberechtigten des betroffenen Grund-

stücks von dem Berechtigten verlangen, daß er seine Leitungen beseitigt und die Beseitigung der Teile der Leitungen, die gemeinschaftlich benutzt werden, duldet. Dieses Recht entfällt, wenn der Berechtigte die Beeinträchtigung so herabmindert, daß sie nicht mehr erheblich ist.

(2) Schaden, der durch die Maßnahmen nach Abs. 1 auf dem betroffenen Grundstück entsteht, ist zu ersetzen.

ANMERKUNGEN:

1. Führen die hindurchgelegten oder die angeschlossenen Leitungen des Berechtigten nachträglich zu einer erheblichen Beeinträchtigung – etwa weil die Leitungen bei dem beabsichtigten Hausbau im Wege sind –, so kann der Duldungspflichtige verlangen, daß der Berechtigte die Leitungen, die dieser gelegt hat, beseitigt und bei angeschlossenen Leitungen die Beseitigung der gemeinschaftlichen Leitungen duldet. Das Hess.NRG folgt hierbei der Regelung des § 12 des Telegrafenwegegesetzes (vgl. Vorbem. 1, S. 106 f.).
2. Der Berechtigte hat die *Kosten*, die durch die Beseitigung der von ihm verlegten Leitungen entstehen, selbst zu tragen. Daß der Berechtigte zu den Kosten beiträgt, die durch die Beseitigung der gemeinschaftlichen Leitung entstehen, schreibt das Hess.NRG nicht vor.
3. Nach Abs. 1 Satz 2 kann der Berechtigte, um der Beseitigungspflicht zu entgehen, Maßnahmen treffen, die die Beeinträchtigung so herabmindern, daß sie nicht mehr erheblich ist, vor allem also die Leitung anders verlegen, so daß sie nicht mehr stört. Die Kosten für diese Verlegung hat der Berechtigte zu tragen, bei gemeinschaftlichen Leitungen beide Nachbarn zusammen.
4. Abs. 2 schreibt vor, daß der Berechtigte dem Duldungspflichtigen allen Schaden zu ersetzen hat, der durch das Beseitigen oder das Umverlegen der Leitungen entsteht.

Anschlußrecht des Duldungspflichtigen

§ 34 Hess.NRG

(1) Der Eigentümer und die Nutzungsberechtigten eines Grundstücks, das gemäß § 30 Abs. 1 in Anspruch genommen ist,

sind berechtigt, ihrerseits an die verlegten Leitungen anzuschließen, wenn diese ausreichen, um die Versorgung oder Entwässerung der beiden Grundstücke durchzuführen. § 30 Abs. 2 Satz 2 und § 31 Abs. 1 gelten entsprechend.

(2) Soll ein auf dem betroffenen Grundstück errichtetes oder noch zu erstellendes Gebäude an die Leitungen angeschlossen werden, die der Eigentümer oder die Nutzungsberechtigten des Nachbargrundstücks nach § 30 Abs. 1 durch das Grundstück hindurchführen wollen, so können der Eigentümer und die Nutzungsberechtigten des betroffenen Grundstücks verlangen, daß die Leitungen in einer ihrem Vorhaben Rechnung tragenden und technisch vertretbaren Weise verlegt werden. Die durch dieses Verlangen entstehenden Mehrkosten sind zu erstatten. In Höhe der voraussichtlich erwachsenden Mehrkosten ist auf Verlangen binnen zwei Wochen Vorschuß zu leisten; der Anspruch nach Satz 1 erlischt, wenn der Vorschuß nicht fristgerecht geleistet wird.

ANMERKUNGEN:

1. Abs. 1 räumt dem Eigentümer und den Nutzungsberechtigten des Grundstücks, durch das gemäß § 30 Abs. 1 Hess.NRG Leitungen gelegt worden sind, das Recht ein, selbst an diese Leitungen anzuschließen, sofern diese ausreichen, um die Versorgung oder Entwässerung der beiden Grundstücke durchzuführen. Geschieht dies, so ist ein angemessener *Beitrag zu den Herstellungskosten* des Teils der Leitungen zu leisten, der nach dem Anschluß mitbenutzt werden soll; auch kann Sicherheitsleistung verlangt werden.

2. Wegen der *Unterhaltungskosten* verweist das Gesetz auf § 31 Abs. 1 Hess.NRG. Danach hat der anschließende Nachbar die von ihm verlegte Anschlußleitung zu unterhalten und zu den Kosten der nunmehr gemeinschaftlich genutzten Leitung angemessen beizutragen.

3. Abs. 2 räumt dem Eigentümer und den Nutzungsberechtigten des duldungspflichtigen Grundstücks ein noch weitergehendes Recht ein für den Fall, daß die Leitungen nach § 30 Hess.NRG erst verlegt werden sollen und daß alsdann der Anschluß des duldungspflichtigen Grundstücks an diese beabsichtigt ist. Im

Interesse späterer Kostenersparnis können in diesem Falle der Eigentümer und die Nutzungsberechtigten des duldungspflichtigen Grundstücks verlangen, daß die Leitungen in einer ihrem Vorhaben Rechnung tragenden, technisch vertretbaren Weise verlegt werden. Die durch dieses Verlangen entstehenden Mehrkosten sind zu erstatten und gegebenenfalls zu bevorschussen.

Leitungen in öffentlichen Straßen
§ 35 Hess.NRG

Die §§ 30 bis 34 gelten nicht für die Verlegung von Leitungen in öffentlichen Straßen und in öffentlichen Grünflächen.

ANMERKUNGEN:

1. Die Stellung des Eigentümers einer *öffentlichen Straße*, das heißt regelmäßig des Trägers der Straßenbaulast, der öffentliche Interessen wahrnimmt (Bund, Land oder Gemeinde), läßt es nicht zu, daß öffentliche Straßen im Hess.NRG den übrigen Grundstücken gleichgestellt werden. Denn der Straßeneigentümer muß beispielsweise frei bestimmen können, wo eine Längsleitung zu verlegen ist, das heißt ob in der Mitte oder in dem Randstreifen der Straße. Auch sind bei öffentlichen Straßen bürgerlich-rechtliche Duldungspflichten nicht ohne weiteres durchsetzbar. Unter öffentlichen Straßen sind auch öffentliche *Wege* und *Plätze* zu verstehen.

2. Auch für *öffentliche Grünflächen* kommen die §§ 30 bis 34 Hess.NRG nicht in Betracht. Insoweit gilt das in Anm. 1 Gesagte.

XII

Höherführen von Schornsteinen und Lüftungsschächten

VORBEMERKUNGEN:

1. Im früheren Partikularrecht war das Höherführen von Schornsteinen und Lüftungsschächten nicht geregelt.

Der Entwurf zum Bundesbaugesetz (Bundestags-Drucksache Nr. 336/III. Wahlperiode) enthielt im Abschnitt „Bauliches Nachbarrecht", der nicht Gesetz geworden ist, in § 172 eine entsprechende Vorschrift. Ihren Grundgedanken hat das Hess.NRG übernommen.

2. Die **Hess.BauO** enthält keine nachbarrechtliche Regelung über das Höherführen von Schornsteinen und Lüftungsschächten. § 51 Abs. 3 und § 47 Abs. 3 Hess.BauO schreiben lediglich vor, daß Schornsteine und Lüftungsleitungen den Rauch so ins Freie führen, daß Gefahren oder unzumutbare Nachteile und Belästigungen nicht entstehen bzw. Gerüche und Staub nicht in andere Räume übertragen werden. Diese Vorschriften verpflichten also den durch die Aufstockung des Nachbargebäudes geschädigten Grundstückseigentümer, dafür zu sorgen, daß seine Schornsteine und Lüftungsanlagen ausreichenden Zug wiederbekommen. Über das Wie und über eine etwaige Verpflichtung des Nachbarn, dazu mitzuwirken, ist nichts gesagt.

3. Die Nachbarn können andere Regelungen vereinbaren, als sie das Gesetz vorsieht (§ 45 Hess.NRG).

4. Der Umfang von Rechten, die bei Inkrafttreten des Hess.NRG, dem 1. 11. 1962, bestanden, richten sich von diesem Zeitpunkt ab nach dem neuen Recht (§ 46 Hess. NRG).

Inhalt und Umfang

§ 36 Hess.NRG

(1) Der Eigentümer und die Nutzungsberechtigten eines Grundstücks müssen dulden, daß an ihrem Gebäude der Eigentümer und die Nutzungsberechtigten des angrenzenden niederen Gebäudes ihre Schornsteine und Lüftungsschächte befestigen, wenn

1. die Erhöhung der Schornsteine und Lüftungsschächte zur Erzielung der notwendigen Zug- und Saugwirkung erforderlich ist und

2. die Befestigung der höhergeführten Schornsteine und Lüftungsschächte anders nicht zweckmäßig oder nur mit unverhältnismäßig hohen Kosten durchgeführt werden kann.

(2) Der Eigentümer und die Nutzungsberechtigten des betroffenen Grundstücks müssen ferner dulden, daß die höhergeführten Schornsteine und Lüftungsschächte des Nachbargebäudes von ihrem Grundstück aus unterhalten und gereinigt und die hierzu erforderlichen Einrichtungen angebracht werden, wenn diese Maßnahmen anders nicht zweckmäßig oder nur mit unverhältnismäßig hohen Kosten durchgeführt werden können. Sie können aber den Berechtigten darauf verweisen, eine Steigleiter an ihrem Gebäude anzubringen und zu benutzen, wenn diese Lösung technisch zweckmäßig ist.

ANMERKUNGEN:

1. Wenn neben ein niederes Gebäude ein höheres gebaut oder ein Gebäude aufgestockt wird, verlieren die Schornsteine und Lüftungsschächte des niederen Gebäudes die Zug- und Saugwirkung. Gegen die Errichtung des höheren Gebäudes oder das Aufstocken kann der Eigentümer des niederen Gebäudes nicht mit der Eigentumsfreiheitsklage nach § 1004 BGB angehen, da es sich hierbei lediglich um eine negative Einwirkung auf sein Grundstück, jedoch keine Beeinträchtigung seines Eigentums im Sinne des § 1004 BGB handelt. Ihm bleibt nur der Weg, seine Schornsteine und Lüftungsschächte entsprechend höherzuführen, wozu er nach § 51 Abs. 3 und § 47 Abs. 3 Hess.BauO verpflichtet ist (vgl. hierzu Vorbem. 2.)

2. § 36 Hess.NRG gibt dem Eigentümer des niederen Gebäudes das Recht,

a) an dem höheren Gebäude seine höhergeführten Schornsteine und Lüftungsschächte zu befestigen (Abs. 1),

b) die höhergeführten Schornsteine und Lüftungsschächte von dem höheren Gebäude aus zu unterhalten, zu reinigen und die zu diesen Arbeiten nötigen Einrichtungen auf seine Kosten anzubringen (Abs. 2 Satz 1).

Dem Recht des Eigentümers des niederen Gebäudes steht die Duldungspflicht des Eigentümers des höheren Gebäudes gegenüber.

3. Voraussetzung ist
im Falle a) der Anm. 2, daß die Erhöhung der Schornsteine und Lüftungsschächte zur Erzielung der notwendigen Zug- und Saugwirkung erforderlich ist und
in den Fällen a) und b) der Anm. 2, daß die Befestigung der Schornsteine und Lüftungsschächte bzw. die zu b) genannten Maßnahmen anders nicht zweckmäßig oder nur mit unverhältnismäßig hohen Kosten durchgeführt werden können.

4. Der duldungspflichtige Nachbar kann die Benutzung seines Gebäudes durch den Eigentümer des niederen Gebäudes zum Zwecke der Unterhaltung und Reinigung dadurch abwenden, daß er diesen veranlaßt, an dem höheren Gebäude eine *Steigleiter* anzubringen und sie zu benutzen (Abs. 2 Satz 2). Voraussetzung hierbei ist, daß eine solche Lösung technisch zweckmäßig ist. Die Kosten für das Anbringen der Steigleiter hat der Eigentümer des niederen Gebäudes zu tragen.

5. Im Weigerungsfalle kann der Berechtigte auf Duldung der in Betracht kommenden Maßnahmen durch den Verpflichteten klagen.

Schadensersatz und Anzeigepflicht

§ 37 Hess.NRG

Für die Verpflichtungen zum Schadensersatz und zur Anzeige gelten die §§ 23 bis 25 entsprechend. Die Anzeigepflicht entfällt auch, wenn die nach der Kehrordnung vorgeschriebene Reinigung durchgeführt werden soll.

ANMERKUNGEN:

Der Duldungspflicht des Nachbarn (§ 36 Hess.NRG) steht die Verpflichtung zum Ersatz des aus der Ausübung der Rechte erwachsenden Schadens ohne Rücksicht auf Verschulden gegenüber. Ferner muß – außer im Falle der Not – vor Beginn der Arbeiten rechtzeitig Anzeige erstattet und auf Verlangen Sicherheit geleistet werden (§§ 23 bis 25 Hess.NRG, vgl. die Anmerkungen zu diesen Paragraphen). Die Anzeigepflicht entfällt hier außerdem, wenn die nach der Kehrordnung vorgeschriebene Reinigung durchgeführt werden soll.

XIII

Bäume und Sträucher

VORBEMERKUNGEN:

1. Das **BGB** bringt nur wenige nachbarrechtliche Vorschriften für Bäume und Sträucher. Es regelt den Überhang von Zweigen und das Eindringen von Wurzeln in das Nachbargrundstück, den Überfall von Früchten auf das andere Grundstück sowie die Rechtsverhältnisse am Grenzbaum. Im übrigen überläßt es Regelungen dem Landesrecht.

2. In dem **bisher** in Hessen geltenden Partikularrecht fehlten meist Vorschriften über weitergehende nachbarrechtliche Verhältnisse bei Bäumen und Sträuchern. Vorschriften über den Grenzabstand von Pflanzen bestanden lediglich im Gebiet des früheren Volksstaates Hessen (Art. 85 bis 89 AGBGB), in Kurhessen (§§ 33 bis 35 der Kurhess. Bauordnung vom 19. 1. 1784) und in Frankfurt (Art. I § 4 des Frankfurter Wichgesetzes vom 1. 4. 1851, § 2 Nr. 1 der PolizeiVO vom 23. 10. 1933 – Städt. Anzeigeblatt S. 558 –).

3. Die Regelung im früheren *Volksstaat Hessen* sah für die Zeit bis zum 31. 10. 1962 folgendes vor: Nach Art. 85 ff. Hess.AGBGB müssen Bäume und Sträucher, die über 2 Meter hoch sind, einen Mindestabstand von 2 Meter, niedrigere Bäume und Sträucher einen Mindestabstand von 0,50 Meter halten. Dieser Abstand wird gemessen von der Mittelachse des Baumes oder Strauches an der Stelle, wo er aus der Erde heraustritt.

Diese Abstandsvorschriften fanden jedoch keine Anwendung insbesondere auf Bäume und Sträucher in *Gärten,* falls die Gärten mit einer festen Umfriedung (das sind Mauer, Lattenzaun, Bretterwand, aber nicht lebende Hecke) versehen sind und wenn außerdem zur Zeit der Anpflanzung der Bäume und Sträucher die Gärten nicht an Äcker, Wiesen oder Weinberge angrenzen (Art. 87 Nr. 2 Hess.AGBGB).

4. Für *Kurhessen* bestimmte § 33 Kurhess.BauO, daß derjenige, welcher Bäume gegen eine Wand setzen will, in welcher der Nachbar Lichter oder Fenster zu haben berechtigt ist, drei oder vier oder sechs Schuh nach Befinden mit den Bäumen zurückweichen soll. Wenn dem Nachbarn neben der Lichtgerechtigkeit wegen des Dachtraufenrechts noch zwei Schuh eigenen Landes zustehen, soll der Nachbar mit den zu pflanzenden Bäumen von diesen zwei Schuh nach Befinden weitere drei bis vier Schuh zurückgehen.

§ 34 Abs. 2 Kurhess.BauO schrieb vor, daß jemand, der an Stelle einer eigenen Dielen- oder Plankenwand einen lebendigen Zaun errichten wollte, mit dessen Pflanzung einen Fuß von dem Ort, wo vorher die Planken- oder Dielenwand gestanden hat, auf seinem Grund und Boden einrücken muß.

Hat jemand mit seinem Gebäude seinen Grund völlig eingenommen, so sollte der Nachbar, der Bäume oder Weinreben setzen will, mangels anderer Vereinbarung mit einem eigenen Geländer bis auf einen halben Schuh herankommen und solche „en espalier" dergestalt ziehen, daß sie die jenseitige Wand nicht berühren; in dieser Wand durfte ohne Genehmigung das Geländer nicht befestigt werden (§ 35 Kurhess.BauO).

5. Für *Alt-Frankfurt* und *Sachsenhausen* bestimmte Art. I § 4 des Frankfurter Wichgesetzes vom 1. 4. 1851 folgende Grenzabstände für Pflanzen:

für unfruchtbare Bäume in Feldern, Äckern, Gärten und Weingärten	1 Feldrute = 3,558 m
für fruchtbare Bäume	$^3/_4$ Feldrute = 2,669 m
für Weidenstämme, Ulmen und Pappeln in Wiesen und gegen Wiesen	$^1/_2$ Feldrute = 1,779 m
für Gesträuch unter 6 Fuß Höhe	$^3/_8$ Feldrute = 1,334 m
für Sträucher über 6 Fuß Höhe	wie für Bäume.

Für die weiteren zu Frankfurt damals gehörenden Vororte schrieb die PolizeiVO vom 23. 10. 1933 folgende Abstände vor:

beim Anpflanzen von sogenannten unfruchtbaren Bäumen (Eschen, Erlen und dergleichen)	in Wiesen	1,80 m
	in Äckern und Gärten	3,50 m
beim Anpflanzen von sogenannten fruchtbaren Bäumen (Äpfel, Birnen, Steinobst)		3,00 m
beim Anpflanzen von Hecken, die nur 1,35 m hoch gehalten werden dürfen,		1,20 m

Es bestehen allerdings gewisse Zweifel gegen die frühere Gültigkeit der PolizeiVO.

6. Das **Hess.NRG** enthält Vorschriften über den Grenzabstand der **Pflanzen.** Es schränkt die Rechte der Grundstückseigentümer ein. Denn grundsätzlich ist jeder Grundstückseigentümer berechtigt, auf seinem Grundstück beliebig hohe und dichte Bäume oder Sträucher zu pflanzen, auch wenn diese dem Nachbarn Licht und Luft entziehen.

7. Wegen der Grenzabstände für Anpflanzungen, die bei Inkrafttreten des Hess.NRG, dem 1. 11. 1962, bereits vorhanden waren, vgl. § 43 Abs. 1 Hess.NRG.

8. Für die Fälle der Neubegründung oder Verjüngung eines **Waldes** hat das Hess. Forstgesetz (jetzt i. d. F. vom 4. 7. 1978, GVBl. I S. 423, mit Änderung vom 28. 6. 1983, GVBl. I S. 103) in § 16 besondere Abstandsvorschriften geschaffen, die die insoweit entgegenstehenden Art. 85 bis 89 und 95 Hess.AGBGB außer Kraft gesetzt haben (§ 71 Nr. 6 Hess.ForstG alte Fassung). Vgl. weiteres Anm. 4 zu § 40 Hess.NRG.

9. Die Nachbarn sind an die im Hess.NRG getroffenen Regelungen nicht gebunden; sie können anderes vereinbaren.

A. Überhang

§ 910 BGB

Der Eigentümer eines Grundstücks kann Wurzeln eines Baumes oder eines Strauches, die von einem Nachbargrundstück eingedrungen sind, abschneiden und behalten. Das gleiche gilt von herüberragenden Zweigen, wenn der Eigentümer dem Besitzer des Nachbargrundstücks eine angemessene Frist zur Beseitigung bestimmt hat und die Beseitigung nicht innerhalb der Frist erfolgt.

Dem Eigentümer steht dieses Recht nicht zu, wenn die Wurzeln oder die Zweige die Benutzung des Grundstücks nicht beeinträchtigen.

ANMERKUNGEN:

1. Eigentümer eines Baumes oder Strauches (einschließlich sämtlicher Zweige und Wurzeln) ist grundsätzlich der Eigentümer des Grundstücks, auf dem Baum oder Strauch stehen (§ 93 BGB). Eine Ausnahme gilt nur, wenn Baum oder Strauch – z. B. vom Pächter – nur zu vorübergehendem Zweck (etwa in einer Baumschule) mit dem Grund und Boden verbunden worden sind (§ 95 BGB). In diesem Falle kann Eigentümer des Baumes oder des Strauches ein anderer als der Grundstückseigentümer sein.

2. Obwohl diese Eigentumsregelung besteht, ist der Nachbar, in dessen Grundstück *Zweige* oder *Wurzeln* eindringen, berech-

tigt, diese *abzuschneiden* und zu *behalten*. Die Beseitigung kann sogar auf Kosten des Baumbesitzers verlangt werden (BGHZ 60 S. 235). Bei herüberhängenden Zweigen ist allerdings Voraussetzung, daß der beeinträchtigte Nachbar zuvor eine angemessene *Frist zur Beseitigung* gesetzt hat und der Eigentümer des Baumes oder Strauches der Aufforderung nicht nachgekommen ist. Bei der Fristsetzung ist zu beachten, daß durch das Abschneiden der Äste Schäden für Baum oder Strauch nicht eintreten dürfen.

3. Ob neben dem Selbsthilferecht des beeinträchtigten Nachbarn (vgl. Anm. 2) noch ein einklagbarer Beseitigungsanspruch besteht, ist bestritten. Im allgemeinen wird dies jetzt angenommen. Nur in besonders gelagerten Fällen darf der Nachbar, der überhängende Äste abschneiden will, das fremde Grundstück betreten.
4. Das Abschneiden der Zweige und Äste darf nur bis zur *Grundstücksgrenze* vorgenommen werden, nicht aber etwa bis zum Stamm. Der beeinträchtigte Nachbar wird Eigentümer der Zweige und Wurzeln, wenn er zum Abschneiden berechtigt war.
5. Ein Recht auf Beseitigung der Zweige und Wurzeln besteht nicht, wenn der Nachbar durch sie in der Benutzung seines Grundstücks nicht beeinträchtigt wird.
6. Soweit Zweige oder Wurzeln unberechtigt abgeschnitten werden, kann der geschädigte Nachbar Schadensersatzansprüche geltend machen, wenn ein Verschulden vorliegt.
7. § 910 BGB gilt nicht für überragende *Baumstämme* von schief gewachsenen Bäumen, auch nicht für Ranken von *Schlinggewächsen*. Insoweit besteht kein Selbsthilferecht des beeinträchtigten Nachbarn, sondern nur der Anspruch gegen den Nachbarn auf Beseitigung der Störung (§ 1004 BGB).

B. Überfall

§ 911 BGB

Früchte, die von einem Baume oder einem Strauche auf ein Nachbargrundstück hinüberfallen, gelten als Früchte dieses Grundstücks. Diese Vorschrift findet keine Anwendung, wenn das Nachbargrundstück dem öffentlichen Gebrauche dient.

ANMERKUNGEN:

1. *Vor der Trennung* gehören die Früchte eines Baumes oder Strauches dessen Eigentümer, auch wenn die Zweige des Baumes oder Strauches auf das fremde Grundstück hinüberragen. Der Eigentümer ist berechtigt, auch diese Früchte zu ernten; er darf zu diesem Zweck aber ohne Erlaubnis das fremde Grundstück nicht betreten.

2. *Nach der Trennung* gehören die Früchte grundsätzlich ebenfalls dem Eigentümer des Baumes oder Strauches oder dem sonst Fruchtziehungsberechtigten (§§ 953 ff. BGB). Auch wenn die Früchte auf ein dem *öffentlichen Gebrauch* dienendes Grundstück, also vor allem einen öffentlichen Weg oder eine öffentliche Anlage, fallen, bleibt der Eigentümer des Baumes oder Strauches Eigentümer der Früchte; gegebenenfalls erwirbt das Eigentum ein etwa vorhandener Fruchtziehungsberechtigter, z. B. Nießbraucher. Vgl. aber Anm. 3.

3. Fallen die Früchte, gleichgültig wodurch, auf ein fremdes *Privatgrundstück*, so wird Eigentümer der Früchte der *Nachbar*, auf dessen Grundstück sie gefallen sind. Der Nachbar darf diese Früchte behalten. Selbst abtrennen oder abschütteln darf er sie allerdings nicht; er müßte in einem solchen Falle die Früchte an den Nachbarn herausgeben.

C. Grenzbaum

§ 923 BGB

Steht auf der Grenze ein Baum, so gebühren die Früchte und, wenn der Baum gefällt wird, auch der Baum den Nachbarn zu gleichen Teilen.

Jeder der Nachbarn kann die Beseitigung des Baumes verlangen. Die Kosten der Beseitigung fallen den Nachbarn zu gleichen Teilen zur Last. Der Nachbar, der die Beseitigung verlangt, hat jedoch die Kosten allein zu tragen, wenn der andere auf sein Recht an dem Baume verzichtet; er erwirbt in diesem Falle mit der Trennung das Alleineigentum. Der Anspruch auf

die Beseitigung ist ausgeschlossen, wenn der Baum als Grenzzeichen dient und den Umständen nach nicht durch ein anderes zweckmäßiges Grenzzeichen ersetzt werden kann.

Diese Vorschriften gelten auch für einen auf der Grenze stehenden Strauch.

ANMERKUNGEN:

1. Voraussetzung für die Anwendung des § 923 BGB ist, daß der Baum oder Strauch *auf der Grenze* steht, die Grenze ihn also durchschneidet. Maßgebend kommt es hierbei auf den Stamm an der Stelle an, an der er aus der Erde tritt, vgl. ebenso § 41 Hess.NRG. Gleichgültig ist dabei, ob die Grenze mitten oder seitlich durch den Stamm geht.

2. Über die Eigentumsverhältnisse enthält § 923 BGB nichts. Nach herrschender Ansicht stehen Baum oder Strauch im Miteigentum der beiden Nachbarn.

3. § 923 BGB gibt *jedem* der Nachbarn das Recht, von dem anderen die Beseitigung des Baumes oder Strauches zu verlangen. Er regelt, wem die Früchte und nach Abholzung der Baum oder Strauch gehören. Beide gebühren den Nachbarn *je zur Hälfte,* ohne Rücksicht darauf, ob die Grenze mitten oder seitlich durch den Stamm geht. Eine Ausnahme besteht, wenn der auf Beseitigung in Anspruch genommene Nachbar auf sein Recht an dem Stamm verzichtet.

4. Die Beseitigung kann jederzeit verlangt werden, soweit der Baum oder Strauch nicht als Grenzzeichen dient oder als solches durch ein anderes zweckmäßiges Grenzzeichen ersetzt werden kann.

5. Der Beseitigungsanspruch unterliegt nach § 924 BGB nicht der Verjährung.

6. Die *Kosten* der Beseitigung fallen beiden Nachbarn zu gleichen Teilen zur Last. Eine Ausnahme besteht nur, wenn der auf Beseitigung in Anspruch genommene Nachbar auf sein Recht an Baum oder Strauch verzichtet (Abs. 2 Satz 3); in einem solchen Fall hat der Nachbar, der die Beseitigung verlangt, die Kosten allein zu tragen.

D. Grenzabstände für Pflanzen

Grenzabstände für Bäume, Sträucher, einzelne Rebstöcke und lebende Hecken

§ 38 Hess.NRG

Der Eigentümer und die Nutzungsberechtigten eines Grundstücks haben bei dem Anpflanzen von Bäumen, Sträuchern und einzelnen Rebstöcken von den Nachbargrundstücken – vorbehaltlich des § 40 – folgende Abstände einzuhalten:

1. mit Allee- und Parkbäumen, und zwar

a) sehr stark wachsenden Allee- und Parkbäumen, insbesondere dem Eschenahorn (Acer negundo), sämtlichen Lindenarten (Tilia), der Platane (Platanus acerifolia), der Roßkastanie (Aesculus hippocastanum), der Rotbuche (Fagus sylvatica), der Stieleiche (Quercus robur), ferner der Atlas- und Libanon-Zeder (Cedrus atlantica u. libani), der Douglasfichte (Pseudotsuga taxifolia), der Eibe (Taxus baccata), der österreichischen Schwarzkiefer (Pinus nigra austriaca) . . . . 4 m,

b) stark wachsenden Allee- und Parkbäumen, insbesondere der Mehlbeere (Sorbus intermedia), der Weißbirke (Betula pendula), der Weißerle (Alnus incana), ferner der Fichte oder Rottanne (Picea abies), der gemeinen Kiefer oder Föhre (Pinus sylvestris), dem abendländischen Lebensbaum (Thuja occidentalis) . . . . 2 m,

c) allen übrigen Allee- und Parkbäumen . . . . . 1,5 m,

2. mit Obstbäumen, und zwar

a) Walnußsämlingsbäumen . . . . 4 m,

b) Kernobstbäumen, soweit sie auf stark wachsender Unterlage veredelt sind, sowie Süßkirschenbäumen und veredelten Walnußbäumen . . . . 2 m,

c) Kernobstbäumen, soweit sie auf schwach wachsender Unterlage veredelt sind, sowie Steinobstbäumen, ausgenommen die Süßkirschenbäume . . . . 1,5 m,

3. mit Ziersträuchern, und zwar

a) stark wachsenden Ziersträuchern, insbesondere der Alpenrose (Rhododendron-Hybriden), dem Feldahorn (Acer campestre), dem Feuerdorn (Pyracantha coccinea), dem Flieder (Syringa vulgaris), dem Goldglöckchen (Forsythia intermedia), der rotblättrigen Haselnuß (Corylus avellana v. fuscorubra), den stark wachsenden Pfeifensträuchern –

falscher Jasmin – (Philadelphus coronarius, satsumanus, zeyheri u. a.), ferner dem Wacholder (Juniperus communis) . . . . 1 m,

b) allen übrigen Ziersträuchern . . . . 0,5 m,

4. mit Beerenobststräuchern, und zwar

a) Brombeersträuchern . . . . 1 m,

b) allen übrigen Beerenobststräuchern . . . . . . 0,5 m,

5. mit einzelnen Rebstöcken . . . . 0,5 m.

§ 39 Hess.NRG

(1) Der Eigentümer und die Nutzungsberechtigten eines Grundstücks haben bei dem Anpflanzen lebender Hecken von den Nachbargrundstücken – vorbehaltlich des § 40 – folgende Abstände einzuhalten:

1. mit Hecken über 2 m Höhe . . . . 0,75 m,

2. mit Hecken bis zu 2 m Höhe . . . . 0,50 m,

3. mit Hecken bis zu 1,2 m Höhe . . . . 0,25 m.

(2) Abs. 1 gilt nicht für Hecken, die das öffentliche Recht als Einfriedung vorschreibt.

ANMERKUNGEN:

1. § 38 Nr. 1 und 2 Hess.NRG regelt den Abstand für Bäume, Nr. 3 und 4 für Sträucher und Nr. 5 für einzelne Rebstöcke (für Weinberge vgl. § 42 Hess.NRG). Bestimmend für den Abstand ist der mögliche Pflanzenwuchs. Für den Grenzabstand von Hekken gilt dagegen § 39 Hess.NRG. Bei ihnen richtet sich der Abstand nicht nach der möglichen, sondern der beabsichtigten Höhe. Hecke ist nur eine solche Anpflanzung, bei der die Sträucher in dichter Reihe angepflanzt sind, somit der Einfriedung des Grundstücks dienen, und im allgemeinen – mindestens zur Grenze hin –, beschnitten werden oder beschnitten werden sollen. Für in Reihe gepflanzte und nicht zurückgeschnittene Bäume kommen nicht die Hecken-Abstände in Betracht, sondern die des § 38. So auch das Landgericht Saarbrücken (17 S 79/87 vom 3. 2. 1988), das einer meterhoch gewachsenen Fichtenreihe den Charakter einer Hecke absprach.
2. Der *doppelte Abstand* ist einzuhalten in den Fällen des § 40 Abs. 1 Hess.NRG. Weitere Abweichungen ergeben sich in den Fällen des § 40 Abs. 2 Hess.NRG.
3. Werden bei Anpflanzungen nicht die vorgeschriebenen Abstände eingehalten, so hat der Nachbar einen klagbaren Anspruch auf Beseitigung (§ 1004 BGB, abgedruckt Seite 147), da er in seinen Rechten beeinträchtigt ist. Dies gilt nicht, wenn der Beseitigungsanspruch ausgeschlossen ist (§ 43 Abs. 1. Hess.NRG).

4. Das Hess.NRG hat keine Vorschriften über das Zurückschneiden einer zu hoch gewachsenen Hecke. Es gilt auch hier § 1004 BGB. Dieser setzt zwar eine Beeinträchtigung voraus; das Hess.NRG unterstellt diese beim Höherwachsen einer Hecke genau so, wie beim Verstoß gegen die Abstandsvorschriften. Für den Anspruch auf Zurückschneiden gilt folgendes:
   a) beim Anpflanzen ist die Hecke höher als erlaubt: der Nachbar kann innerhalb der 5-Jahres-Frist des § 43 Abs. 1 Ziffer 2 Hess. NRG statt Beseitigung Zurückschneiden verlangen; später: kein Beseitigungsanspruch mehr; wenn er die Heckenhöhe nicht innerhalb der Frist beanstandet hat, kann er gegen die höhere Hecke nichts mehr unternehmen; wächst die Hecke allerdings darüber hinaus, so gilt das zu b Gesagte entsprechend. Hat der Nachbar innerhalb der 5-Jahres-Frist ein Zurückschneiden erreicht, so kann er bei einem Höherwachsen ein Zurückschneiden auf die in § 39 vorgeschriebene Höhe verlangen;
   b) die Hecke ist richtig gepflanzt, wächst aber während oder nach Ablauf der 5-Jahres-Frist höher als erlaubt: der Nachbar kann ein Zurückschneiden verlangen, und zwar jederzeit, ohne an die Ausschlußfrist von 5 Jahren gebunden zu sein, denn diese hat nur für den Beseitigungsanspruch Geltung. Der Anspruch aus § 1004 verjährt in 30 Jahren, § 195 BGB. Dies ist nicht unbestritten.*
5. Bei abfallendem Gelände ist die tatsächliche Höhe der Hecke maßgebend, es ist also von dem Niveau des Geländes auszugehen, auf dem sie steht, nicht von dem Niveau des höher oder niedriger gelegenen Nachbargrundstücks.

Ausnahmen
§ 40 Hess.NRG

(1) Die doppelten Abstände nach den §§ 38 und 39 sind einzuhalten gegenüber Grundstücken, die

1. dem Weinbau dienen,

2. landwirtschaftlich nutzbar sind oder dem Erwerbsgartenbau oder dem Kleingartenbau dienen und im Außenbereich (§ 19 Abs. 2 des Bundesbaugesetzes) liegen oder**

---

* Hodes-Dehner (Hess.Nachbarrecht, 4. Auflage Seite 151, 152, 161) nehmen bei § 43 Abs. 1 Ziffer 2 ein Redaktionsversehen an und meinen, Wille und Absicht des Gesetzgebers sei es, daß die 5-Jahres-Frist jedesmal in Betracht komme, wenn die Hecke höher wächst als erlaubt. Es erscheint aber nicht angängig, den auf die Beseitigung zugeschnittenen § 43 ausdehnend auch für das Zurückschneiden anzuwenden.

** Jetzt § 19 Abs. 1 Nr. 3, § 35 BauGB.

3. durch Bebauungsplan der landwirtschaftlichen, erwerbsgärtnerischen oder kleingärtnerischen Nutzung vorbehalten sind.

(2) Die §§ 38 und 39 gelten nicht für

1. Anpflanzungen, die hinter einer Wand oder Mauer vorgenommen werden und diese nicht überragen,

2. Anpflanzungen an den Grenzen zu öffentlichen Straßen, zu öffentlichen Grünflächen und zu Gewässern,

3. Anpflanzungen auf öffentlichen Straßen.

(3) § 13 Abs. 4 und 5 des Hessischen Forstgesetzes vom 10. November 1954* (GVBl. S. 211) bleibt unberührt.**

ANMERKUNGEN:

1. Abs. 1 erhöht den Regelabstand von Anpflanzungen (§§ 38 und 39 Hess.NRG) im Interesse des Weinbaus, der Landwirtschaft, des Erwerbsgartenbaus und des Kleingartenbaus auf das Doppelte. Außenbereich (vgl. Nr. 2) bedeutet nach § 19 Abs. 2 BBauG; Gebiet außerhalb der im Zusammenhang bebauten Ortsteile. Vgl. auch Anm. 1 und 2 zu den §§ 38 und 39 Hess.NRG.
2. Das Hess.NRG regelt nicht, in welchem *Abstand* Anpflanzungen an den Grenzen zu *öffentlichen Straßen,* zu öffentlichen Grünflächen und zu Gewässern vorzunehmen sind. Bestimmungen hierüber enthält das öffentliche Recht. § 27 Abs. 2 Hess.StraßenG schreibt vor, daß Anpflanzungen aller Art nicht angelegt werden dürfen, wenn sie die Sicherheit oder Leichtigkeit des Verkehrs beeinträchtigen können; soweit sie bereits vorhanden sind, haben die Eigentümer und Besitzer ihre Beseitigung zu dulden (vgl. auch Abschn. VII Vorbem. 3). Eine ähnliche Vorschrift enthält § 11 Abs. 2 des Bundesfernstraßengesetzes in der Fassung vom 1. 10. 1974 (BGBl. I S. 2414) mit letzter Änderung vom 19. 12. 1986 (BGBl. I S. 2669).
3. Inwieweit *Straßen bepflanzt* werden dürfen, bestimmt ebenfalls nicht das Hess.NRG (vgl. Abs. 2 Nr. 3), sondern das öffentliche Recht. Art und Weise der Anpflanzungen an Straßen richten sich nach den jeweils getroffenen Planfeststellungen, in die auch die geplanten Anpflanzungen aufgenommen werden. Hierzu bestimmt § 28 Hess. Straßengesetz:

---

* Jetzt § 16 Abs. 4 und 5 des Hessischen Forstgesetzes in der Fassung vom 4. Juli 1978 (GVBl. S. 423).

** § 40 Abs. 3 wurde durch Art. 3 des Gesetzes vom 16. 3. 1970 (GVBl. S. 234) geändert.

„(1) Die Bepflanzung des Straßenkörpers bleibt dem Träger der Straßenbaulast vorbehalten. Dem Natur- und Landschaftsschutz ist Rechnung zu tragen. Die Straßenanlieger haben alle Maßnahmen zu dulden, die im öffentlichen Interesse zur Erhaltung und Ergänzung der auf dem Straßenkörper befindlichen Pflanzungen erforderlich sind.

(2) In Ortsdurchfahrten im Zuge von Landesstraßen und Kreisstraßen steht die Befugnis nach Abs. 1 der Gemeinde auch zu, wenn sie nicht Träger der Straßenbaulast ist."

4. Die Abstände, die von *Wäldern* gegenüber anderen Grundstükken eingehalten werden müssen, sind durch § 16 Abs. 4 und 5 des Hess. Forstgesetzes i. d. F. vom 4. 7. 1978 (GVBl. I S. 423, mit Änderung vom 28. 6. 1983, GVBl. I S. 103) bestimmt. Diese Vorschrift lautet:

„(4) Bei Verjüngung oder Neubegründung eines Waldes darf der Waldbesitzer an der Eigentumsgrenze Baumpflanzungen nur im Abstand von fünf Metern anbauen, wenn die Nachbargrundstücke landwirtschaftlich oder gärtnerisch genutzt werden. Bei Wegen oder Wald muß der Abstand ein Meter, bei Rebgelände sechs Meter betragen. Die freigelassenen Streifen können bis zu einem Meter Abstand von der Grenze mit Sträuchern oder Bäumen bis zu einer Höhe von zwei Metern bepflanzt werden. Die untere Forstbehörde kann Ausnahmen zulassen.

(5) Bundesautobahnen, Bundesstraßen, Landesstraßen, Kreisstraßen und Gemeindestraßen gelten nicht als Wege im Sinne des Abs. 4."

Abb. 21: Berechnung des Abstandes. Dieser ist bei mehreren Stämmen oder Trieben von der Mitte des Stammes oder Triebes zu rechnen, der der Grenze am nächsten steht.

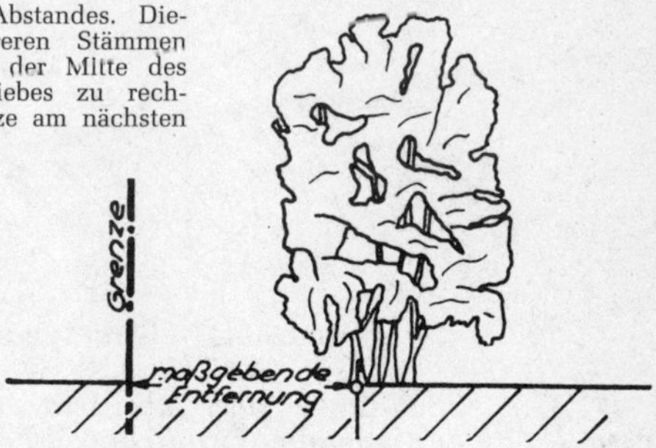

Berechnung des Abstandes
§ 41 Hess.NRG

Der Abstand wird von der Mitte des Baumstammes, des Strauches oder des Rebstocks bis zur Grenzlinie gemessen,

und zwar an der Stelle, an der der Baum, der Strauch oder der Rebstock aus dem Boden austritt.

ANMERKUNGEN:

1. Für die Berechnung des Abstandes maßgebend ist die *Mitte* des Baumstammes, Strauches oder Rebstockes an der Stelle, an der diese *aus der Erde treten*. Sind mehrere Stämme, Zweige oder Triebe vorhanden, so ist der maßgebend, der der Grenze am nächsten steht. Vgl. Abbildung 21.
2. Zu messen ist die *kürzeste Entfernung* zwischen der in Anm. 1 genannten Stelle und der Grenze. Ist das Gelände ansteigend oder abfallend zur Grenze, so ist nicht entlang dem Grund und Boden, sondern in der Horizontalen zu messen. Vgl. S. 132, Abbildung 22.

Abb. 22: Berechnung des Abstandes. Maßgebend ist die kürzeste Entfernung zwischen der Grenze und der Mitte des Stammes, an der der Baum aus dem Boden austritt.

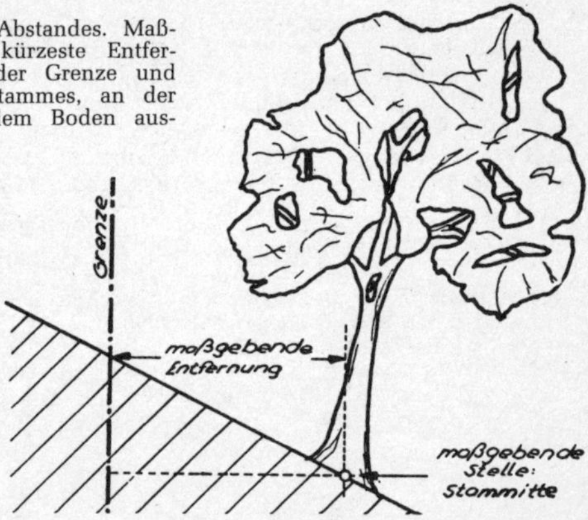

Grenzabstände im Weinbau
§ 42 Hess.NRG

(1) Der Eigentümer und die Nutzungsberechtigten eines dem Weinbau dienenden Grundstücks haben bei dem Anpflanzen von Rebstöcken folgende Abstände einzuhalten:

1. gegenüber den parallel zu den Rebzeilen verlaufenden Grenzen die Hälfte des geringsten Zeilenabstandes, gemessen zwischen den Mittellinien der Rebzeilen, mindestens aber 0,75 m,

2. gegenüber den sonstigen Grenzen, gerechnet von dem äußersten Rebstock oder von der Verankerung, falls eine solche vorhanden ist, 0,5 m.

(2) Übersteigt die Gesamthöhe der Rebanlage 1,8 m (Rebschnittgärten, Weitraumanlage), so beträgt der Abstand nach Abs. 1 Nr. 1 mindestens 1,5 m.

ANMERKUNGEN:

1. § 42 Hess.NRG regelt nur die Abstände für Grundstücke, die dem Weinbau dienen, also für Weinberge. Soweit es sich um *einzelne Rebstöcke* handelt, ist die Regelung dem § 38 Nr. 5 Hess.NRG zu entnehmen.
2. Für Rebstöcke in *Weinbergen* sind folgende Abstände vorgeschrieben:
   a) die Hälfte des geringsten Zeilenabstandes, mindestens 0,75 m, wenn die Rebzeilen parallel zur Grundstücksgrenze verlaufen; maßgeblich kommt es hierbei auf die Rebzeile an, die der Grenze am nächsten ist; läuft diese nicht ganz parallel zur Grenze, so kommt ein Abstand nach Abs. 1 Nr. 1 nicht in Betracht;
   b) 0,5 m, wenn die Voraussetzungen von a) nicht vorliegen, also die Rebzeilen nicht parallel zur Grundstücksgrenze verlaufen; für die Berechnung des Abstandes maßgebend ist der äußerste Rebstock in der Rebzeile bzw., falls eine solche vorhanden ist, die Verankerung der Rebzeile oder des Rebstockes;
   c) 1,5 m, wenn die Rebzeilen parallel zur Grundstückgrenze verlaufen (wie im Fall a), es sich aber um Rebschnittgärten oder Weitraumanlagen (Rebanlagen, deren Gesamthöhe 1,8 m übersteigt) handelt.
   Vgl. S. 134, Abbildungen 23 und 24.

Ausschluß des Beseitigunganspruchs und Ersatzanpflanzungen § 43 Hess.NRG

(1) Der Anspruch auf Beseitigung von Anpflanzungen, die geringere als die in den §§ 38 bis 42 vorgeschriebenen Abstände einhalten, ist ausgeschlossen,

1. wenn die Anpflanzungen bei Inkrafttreten dieses Gesetzes vorhanden sind und ihre Abstände dem bisherigen Recht entsprechen oder

2. wenn der Nachbar nicht binnen fünf Jahren nach dem Anpflanzen Klage auf Beseitigung erhoben hat; diese Frist beginnt frühestens mit dem Inkrafttreten dieses Gesetzes.

(2) Werden für die in Abs. 1 genannten Anpflanzungen Ersatzanpflanzungen vorgenommen, so gelten die §§ 38 bis 42. Werden aber in geschlossenen Obstanlagen einzelne Obstbäume nachgepflanzt, so bleibt der Abstand der anderen Obstbäume maßgebend.

ANMERKUNGEN:

1. Wenn die Pflanzen mit einem geringeren Abstand angepflanzt sind, als die §§ 38 bis 42 Hess.NRG vorschreiben, kann der beeinträchtigte Nachbar auf Beseitigung klagen (§ 1004 BGB). Das Hess.NRG bringt keine Vorschriften über das Zurückschneiden einer Hecke. Inwieweit dieses in Betracht kommt, ergibt sich aus der Anm. 4 zu §§ 38/39, Seite 129.

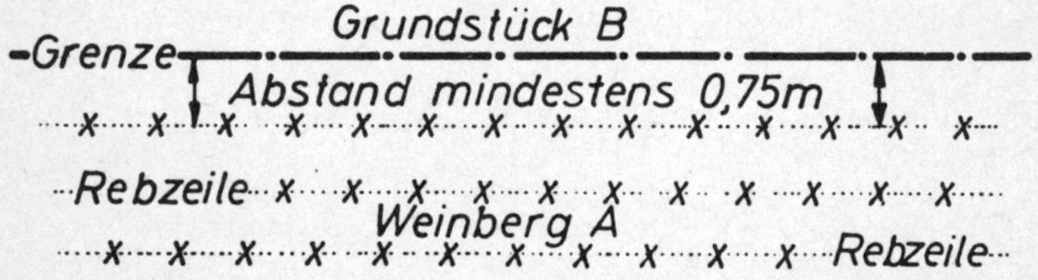

Abb. 23: Rebzeilen verlaufen parallel zur Grundstücksgrenze (§ 42 Abs. 1 Nr. 1 Hess.NRG). Im Falle des Abs. 2 (Rebschnittgarten, Weitraumanlage) beträgt der Mindestabstand 1,5 m.

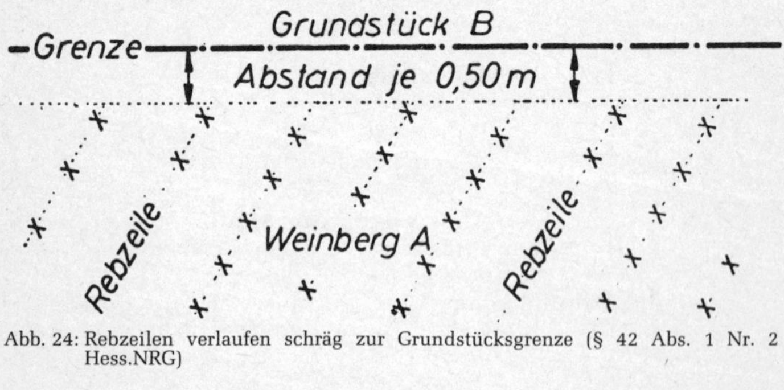

Abb. 24: Rebzeilen verlaufen schräg zur Grundstücksgrenze (§ 42 Abs. 1 Nr. 2 Hess.NRG)

2. Dieses Klagerecht ist ausgeschlossen, wenn

a) die Anpflanzungen bei Inkrafttreten des Hess.NRG, dem 1. 11. 1962, vorhanden waren und ihre Abstände dem bisherigen Recht entsprechen (vgl. hierzu Vorbem. 2 bis 5 und Abschn. I Nr. 3, S. 7),

b) der Nachbar bei Anpflanzungen, die am 1. 11. 1962 vorhanden waren und nicht dem bisherigen Recht entsprechen, nicht bis einschließlich 31. 10. 1967 Klage auf Beseitigung erhoben hat;

c) der Nachbar bei *später* vorgenommenen Anpflanzungen nicht binnen fünf Jahren nach dem Anpflanzen geklagt hat.

3. Für *Ersatzanpflanzungen* kommen ausschließlich die Vorschriften des Hess.NRG zur Anwendung. Eine solche Ersatzanpflanzung liegt aber nicht vor, vielmehr ist nur eine Nachpflanzung anzunehmen, wenn in einer geschlossenen Obstanlage einzelne Bäume ausgewechselt werden. Dieses Auswechseln darf aber nicht bezwecken, allmählich und systematisch die gesamte Obstanlage zu erneuern, um so die zu geringen Abstände für immer beizubehalten.

Nachträgliche Grenzänderungen
§ 44 Hess.NRG

Die Rechtmäßigkeit des Abstandes einer Anpflanzung wird durch nachträgliche Grenzänderungen nicht berührt; jedoch gilt § 43 Abs. 2 entsprechend.

ANMERKUNGEN:

1. Eine Anpflanzung braucht nicht entfernt zu werden, wenn *nachträglich Grenzänderungen* eintreten und dadurch der vorgeschriebene Abstand für Bäume, Sträucher und Rebstöcke nicht mehr vorhanden ist. Um jeden Zweifel auszuschließen, bestimmt das Gesetz dies ausdrücklich.

2. Die Vorschrift war in der Regierungsvorlage nicht enthalten. Sie ist vom Hess. Landtag aufgenommen worden, um im Flurbereinigungsverfahren oder bei sonstigen nachträglichen Grenzänderungen nachbarrechtliche Streitigkeiten zu vermeiden (Landtags-Drucksache Abt. II Nr. 394/IV. Wahlperiode).

Bäume und Sträucher

Übersicht 1

Grenzabstände im allgemeinen

Art der Pflanzung	Grenzabstände im Normalfall (d. h. soweit die Spalten 3 bis 5 und Übersicht 2 nicht in Betracht kommen) (§§ 38, 39)	Grenzabstände gegenüber Grundstücken, die dem Weinbau dienen, landwirtschaftlich nutzbar sind oder dem Erwerbsgartenbau oder dem Kleingartenbau dienen und im Außenbereich liegen oder durch Bebauungsplan der landwirtschaftlichen, erwerbsgärtnerischen oder kleingärtnerischen Nutzung vorbehalten sind. (§ 40 Abs. 1)	Grenzabstände für Anpflanzungen, die hinter einer Wand oder Mauer vorgenommen werden und diese nicht überragen. (§ 40 Abs. 1 Nr. 1)	Grenzabstände für Anpflanzungen an den Grenzen zu öffentlichen Straßen, zu öffentlichen Grünflächen und zu Gewässern, Anpflanzungen auf öffentlichen Straßen. (§ 40 Abs. 2 Nr. 2 und 3)
1	2	3	4	5
1. Allee- und Parkbäume, und zwar				
a) sehr stark wachsende Allee- und Parkbäume, insbesondere Eschenahorn (Acer negundo), sämtliche Lindenarten (Tilia), Platane (Platanus acerifolia), Roßkastanie (Aesculus hippocastanum), Rotbuche (Fagus sylvatica), Stieleiche (Quercus robur), ferner Atlas- und Libanon-Zeder (Cedrus atlantica und libani), Douglasfichte (Pseudotsuga taxifolia), Eibe (Taxus baccata), österreichische Schwarzkiefer (Pinus nigra austriaca)	4 m	8 m		
b) stark wachsende Allee- und Parkbäume,				

Kiefer oder Föhre (Pinus sylvestris), abendländischer Lebensbaum (Thuja occidentalis)	2 m	4 m		
c) alle übrigen Allee- und Parkbäume . .	1,5 m	3 m		
2. Obstbäume, und zwar				
a) Walnußsämlingsbäume	4 m	8 m		
b) Kernobstbäume, soweit sie auf stark wachsender Unterlage veredelt sind, sowie Süßkirschenbäume und veredelte Walnußbäume	2 m	4 m	unmittelbar an Wand oder Mauer	es gilt öffentliches Recht
c) Kernobstbäume, soweit sie auf schwach wachsender Unterlage veredelt sind, sowie Steinobstbäume, ausgenommen die Süßkirschenbäume	1,5 m	3 m		
3. Ziersträucher, und zwar				
a) stark wachsende Ziersträucher. insbesondere Alpenrose (Rhododendron-Hybriden), Feldahorn (Acer campestre), Feuerdorn (Pyracantha coccinea), Flieder (Syringa vulgaris), rotblättriges Haselnuß (Corylus avellana v. fuscorubra), Goldglöckchen (Forsythia intermedia), stark wachsende Pfeifensträucher – falscher Jasmin – (Philadelphus coronarius, satsumanus, zeyheri u. a.), ferner Wacholder (Juniperus communis) . . .	1 m	2 m		
b) alle übrigen Ziersträucher	0,5 m	1 m		
4. Beerenobststräucher, und zwar				
a) Brombeersträucher	1 m	2 m		
b) alle übrigen Beerenobststräucher . . .	0,5 m	1 m		
5. einzelne Rebstöcke	0,5 m	1 m		
6. Hecken über 2 m Höhe, soweit nicht Nr. 9	0,75 m	1,5 m		
7. Hecken bis zu 2 m Höhe, soweit nicht Nr. 9	0,5 m	1 m		
8. Hecken bis zu 1,2 m Höhe, soweit nicht Nr. 9	0,25 m	0,5 m		
9. Hecken, die das öffentliche Recht als Einfriedung vorschreibt	auf bzw. entlang der Grenze (§ 14 Abs. 2)	–	–	–

Bäume und Sträucher

Übersicht 2

Grenzabstände bei Verjüngung oder Neubegründung eines Waldes (§ 16 Abs. 3 und 4 des Hess. Forstgesetzes)

Abstand für	gegenüber		
	landwirtschaftlich oder gärtnerisch genutzten Grundstücken	Wegen oder Wald (nicht jedoch Bundesautobahnen, Bundesstraßen I. und II. Ordnung)	Rebgelände
1. Bäume von 2 m Höhe und darüber	3 m	1 m	6 m
2. Bäume bis zur Höhe von 2 m	1 m	1 m	1 m
3. Sträucher	1 m	1 m	1 m

Bemerkung: Die obere Forstbehörde kann Ausnahmen zulassen

ANHANG

1

Nachbarrechtliche Vorschriften des Bürgerlichen Gesetzbuches[1]

I. Grundeigentum im allgemeinen[2]

§ 903
Befugnisse des Eigentümers

Der Eigentümer einer Sache kann, soweit nicht das Gesetz oder Rechte Dritter entgegenstehen, mit der Sache nach Belieben verfahren und andere von jeder Einwirkung ausschließen.

Dazu: § 226 BGB Schikaneverbot

Die Ausübung eines Rechtes ist unzulässig, wenn sie nur den Zweck haben kann, einem anderen Schaden zuzufügen.

§ 904
Notstand

Der Eigentümer einer Sache ist nicht berechtigt, die Einwirkung eines anderen auf die Sache zu verbieten, wenn die Einwirkung zur Abwendung einer gegenwärtigen Gefahr notwendig und der drohende Schaden gegenüber dem aus der Einwirkung dem Eigentümer entstehenden Schaden unverhältnismäßig groß ist. Der Eigentümer kann Ersatz des ihm entstehenden Schadens verlangen.

Dazu: § 228 BGB Notwehr

Wer eine fremde Sache beschädigt oder zerstört, um eine durch sie drohende Gefahr von sich oder einem anderen abzuwenden, handelt nicht widerrechtlich, wenn die Beschädigung oder die Zerstörung zur Abwendung der Gefahr erforderlich ist und der Schaden nicht außer

---

1 Die Überschriften sind nicht amtlich.
2 Erläuterungen S. 20 ff.

Verhältnis zu der Gefahr steht. Hat der Handelnde die Gefahr verschuldet, so ist er zum Schadenersatze verpflichtet.

§ 905

Begrenzung des Eigentums

Das Recht des Eigentümers eines Grundstücks erstreckt sich auf den Raum über der Oberfläche und auf den Erdkörper unter der Oberfläche. Der Eigentümer kann jedoch Einwirkungen nicht verbieten, die in solcher Höhe oder Tiefe vorgenommen werden, daß er an der Ausschließung kein Interesse hat.

II. Einwirkungen vom Nachbargrundstück[3]

§ 906

Zuführung unwägbarer Stoffe (Immissionen)

Der Eigentümer eines Grundstücks kann die Zuführung von Gasen, Dämpfen, Gerüchen, Rauch, Ruß, Wärme, Geräusch, Erschütterungen und ähnliche von einem anderen Grundstück ausgehende Einwirkungen insoweit nicht verbieten, als die Einwirkung die Benutzung seines Grundstücks nicht oder nur unwesentlich beeinträchtigt.

Das gleiche gilt insoweit, als eine wesentliche Beeinträchtigung durch eine ortsübliche Benutzung des anderen Grundstücks herbeigeführt wird und nicht durch Maßnahmen verhindert werden kann, die Benutzern dieser Art wirtschaftlich zumutbar sind. Hat der Eigentümer hiernach eine Einwirkung zu dulden, so kann er von dem Benutzer des anderen Grundstücks einen angemessenen Ausgleich in Geld verlangen, wenn die Einwirkung eine ortsübliche Benutzung seines Grundstücks oder dessen Ertrag über das zumutbare Maß hinaus beeinträchtigt.

Die Zuführung durch eine besondere Leitung ist unzulässig.

---

3 Erläuterungen S. 79 ff.

§ 907

Gefahrdrohende Anlagen

Der Eigentümer eines Grundstücks kann verlangen, daß auf den Nachbargrundstücken nicht Anlagen hergestellt oder gehalten werden, von denen mit Sicherheit vorauszusehen ist, daß ihr Bestand oder ihre Benutzung eine unzulässige Einwirkung auf sein Grundstück zur Folge hat. Genügt eine Anlage den landesgesetzlichen Vorschriften, die einen bestimmten Abstand von der Grenze oder sonstige Schutzmaßregeln vorschreiben, so kann die Beseitigung der Anlage erst verlangt werden, wenn die unzulässige Einwirkung tatsächlich hervortritt.

Bäume und Sträucher gehören nicht zu den Anlagen im Sinne dieser Vorschriften.

§ 908

Gefahr eines Einsturzes

Droht einem Grundstücke die Gefahr, daß es durch den Einsturz eines Gebäudes oder eines anderen Werkes, das mit einem Nachbargrundstücke verbunden ist, oder durch die Ablösung von Teilen des Gebäudes oder des Werkes beschädigt wird, so kann der Eigentümer von demjenigen, welcher nach dem § 836 Abs. 1 oder den §§ 837, 838 für den eintretenden Schaden verantwortlich sein würde, verlangen, daß er die zur Abwendung der Gefahr erforderliche Vorkehrung trifft.

§ 909

Vertiefung

Ein Grundstück darf nicht in der Weise vertieft werden, daß der Boden des Nachbargrundstücks die erforderliche Stütze verliert, es sei denn, daß für eine genügende anderweitige Befestigung gesorgt ist.

III. Überhang, Überfall[4]

§ 910

Überhang

Der Eigentümer eines Grundstücks kann Wurzeln eines Baumes oder eines Strauches, die von einem Nachbargrundstück eingedrungen sind, abschneiden und behalten. Das gleiche gilt von herüberragenden Zweigen, wenn der Eigentümer dem Besitzer des Nachbargrundstücks eine angemessene Frist zur Beseitigung bestimmt hat und die Beseitigung nicht innerhalb der Frist erfolgt.

Dem Eigentümer steht dieses Recht nicht zu, wenn die Wurzeln oder die Zweige die Benutzung des Grundstücks nicht beeinträchtigen.

§ 911

Überfall

Früchte, die von einem Baume oder einem Strauche auf ein Nachbargrundstück hinüberfallen, gelten als Früchte dieses Grundstücks. Diese Vorschrift findet keine Anwendung, wenn das Nachbargrundstück dem öffentlichen Gebrauche dient.

IV. Überbau[5]

§ 912

Duldungspflicht

Hat der Eigentümer eines Grundstücks bei der Errichtung eines Gebäudes über die Grenze gebaut, ohne daß ihm Vorsatz oder grobe Fahrlässigkeit zur Last fällt, so hat der Nachbar den Überbau zu dulden, es sei denn, daß er vor oder sofort nach der Grenzüberschreitung Widerspruch erhoben hat.

Der Nachbar ist durch eine Geldrente zu entschädigen. Für die Höhe der Rente ist die Zeit der Grenzüberschreitung maßgebend.

---

4 Erläuterungen S. 123 f.
5 Erläuterungen S. 37 ff.

§ 913

Überbaurente (Zahlung)

Die Rente für den Überbau ist dem jeweiligen Eigentümer des Nachbargrundstücks von dem jeweiligen Eigentümer des anderen Grundstücks zu entrichten.

Die Rente ist jährlich im voraus zu entrichten.

§ 914

Überbaurente (Rang, Eintragung, Erlöschen)

Das Recht auf die Rente geht allen Rechten an dem belasteten Grundstück, auch den älteren, vor. Es erlischt mit der Beseitigung des Überbaues.

Das Recht wird nicht in das Grundbuch eingetragen. Zum Verzicht auf das Recht sowie zur Feststellung der Höhe der Rente durch Vertrag ist die Eintragung erforderlich.

Im übrigen finden die Vorschriften Anwendung, die für eine zugunsten des jeweiligen Eigentümers eines Grundstücks bestehende Reallast gelten.

§ 915

Abkauf des überbauten Grundstücksteils

Der Rentenberechtigte kann jederzeit verlangen, daß der Rentenpflichtige ihm gegen Übertragung des Eigentums an dem überbauten Teile des Grundstücks den Wert ersetzt, den dieser Teil zur Zeit der Grenzüberschreitung gehabt hat. Macht er von dieser Befugnis Gebrauch, so bestimmen sich die Rechte und Verpflichtungen beider Teile nach den Vorschriften über den Kauf.

Für die Zeit bis zur Übertragung des Eigentums ist die Rente fortzuentrichten.

§ 916

Beeinträchtigung Sonstiger

Wird durch den Überbau ein Erbbaurecht oder eine Dienstbarkeit an dem Nachbargrundstücke beeinträchtigt, so finden zugunsten des Berechtigten die Vorschriften der §§ 912 bis 914 entsprechende Anwendung.

V. Notweg[6]

§ 917

Duldungspflicht

Fehlt einem Grundstücke die zur ordnungsmäßigen Benutzung notwendige Verbindung mit einem öffentlichen Wege, so kann der Eigentümer von den Nachbarn verlangen, daß sie bis zur Hebung des Mangels die Benutzung ihrer Grundstücke zur Herstellung der erforderlichen Verbindung dulden. Die Richtung des Notwegs und der Umfang des Benutzungsrechts werden erforderlichen Falles durch Urteil bestimmt.

Die Nachbarn, über deren Grundstücke der Notweg führt, sind durch eine Geldrente zu entschädigen. Die Vorschriften des § 912 Abs. 2 Satz 2 und der §§ 913, 914, 916 finden entsprechende Anwendung.

§ 918

Besondere Fälle

Die Verpflichtung zur Duldung des Notwegs tritt nicht ein, wenn die bisherige Verbindung des Grundstücks mit dem öffentlichen Wege durch eine willkürliche Handlung des Eigentümers aufgehoben wird.

Wird infolge der Veräußerung eines Teiles des Grundstücks der veräußerte oder der zurückbehaltene Teil von der Verbindung mit dem öffentlichen Wege abgeschnitten, so hat der Eigentümer desjenigen Teiles, über welchen die Verbindung bisher stattgefunden hat, den Notweg zu dulden. Der Veräußerung eines Teiles steht die Veräußerung eines von mehreren demselben Eigentümer gehörenden Grundstücken gleich.

---

6 Erläuterungen S. 102 ff.

VI. Grenzverhältnisse[7]

§ 919

Abmarkung

Der Eigentümer eines Grundstücks kann von dem Eigentümer eines Nachbargrundstücks verlangen, daß dieser zur Errichtung fester Grenzzeichen und, wenn ein Grenzzeichen verrückt oder unkenntlich geworden ist, zur Wiederherstellung mitwirkt.

Die Art der Abmarkung und das Verfahren bestimmen sich nach den Landesgesetzen; enthalten diese keine Vorschriften, so entscheidet die Ortsüblichkeit.

Die Kosten der Abmarkung sind von den Beteiligten zu gleichen Teilen zu tragen, sofern nicht aus einem zwischen ihnen bestehenden Rechtsverhältnisse sich ein anderes ergibt.

§ 920

Grenzverwirrung

Läßt sich im Falle einer Grenzverwirrung die richtige Grenze nicht ermitteln, so ist für die Abgrenzung der Besitzstand maßgebend. Kann der Besitzstand nicht festgestellt werden, so ist jedem der Grundstücke ein gleich großes Stück der streitigen Fläche zuzuteilen.

Soweit eine diesen Vorschriften entsprechende Bestimmung der Grenze zu einem Ergebnisse führt, das mit den ermittelten Umständen, insbesondere mit der feststehenden Größe der Grundstücke, nicht übereinstimmt, ist die Grenze so zu ziehen, wie es unter Berücksichtigung dieser Umstände der Billigkeit entspricht.

§ 921

Grenzeinrichtungen (Vermutung)

Werden zwei Grundstücke durch einen Zwischenraum, Rain, Winkel, einen Graben, eine Mauer, Hecke, Planke oder eine andere Einrichtung, die zum Vorteile beider Grundstücke dient,

---

7 Erläuterungen S. 31 ff.

voneinander geschieden, so wird vermutet, daß die Eigentümer der Grundstücke zur Benutzung der Einrichtung gemeinschaftlich berechtigt seien, sofern nicht äußere Merkmale darauf hinweisen, daß die Einrichtung einem der Nachbarn allein gehört.

§ 922

Grenzeinrichtungen (Benutzung)

Sind die Nachbarn zur Benutzung einer der im § 921 bezeichneten Einrichtungen gemeinschaftlich berechtigt, so kann jeder sie zu dem Zwecke, der sich aus ihrer Beschaffenheit ergibt, insoweit benutzen, als nicht die Mitbenutzung des anderen beeinträchtigt wird. Die Unterhaltungskosten sind von den Nachbarn zu gleichen Teilen zu tragen. Solange einer der Nachbarn an dem Fortbestande der Einrichtung ein Interesse hat, darf sie nicht ohne seine Zustimmung beseitigt oder geändert werden. Im übrigen bestimmt sich das Rechtsverhältnis zwischen den Nachbarn nach den Vorschriften über die Gemeinschaft.

VII. Grenzbaum[8]

§ 923

Steht auf der Grenze ein Baum, so gebühren die Früchte und, wenn der Baum gefällt wird, auch der Baum den Nachbarn zu gleichen Teilen.

Jeder der Nachbarn kann die Beseitigung des Baumes verlangen. Die Kosten der Beseitigung fallen den Nachbarn zu gleichen Teilen zur Last. Der Nachbar, der die Beseitigung verlangt, hat jedoch die Kosten allein zu tragen, wenn der andere auf sein Recht an dem Baume verzichtet; er erwirbt in diesem Falle mit der Trennung das Alleineigentum. Der Anspruch auf die Beseitigung ist ausgeschlossen, wenn der Baum als Grenzzeichen dient und den Umständen nach nicht durch ein anderes zweckmäßiges Grenzzeichen ersetzt werden kann.

Diese Vorschriften gelten auch für einen auf der Grenze stehenden Strauch.

---

8 Erläuterungen S. 125 f.

VIII. Verjährung

§ 924

Die Ansprüche, die sich aus den §§ 907 bis 909, 915, dem § 917 Abs. 1, dem § 918 Abs. 2, den §§ 919, 920 und dem § 923 Abs. 2 ergeben, unterliegen nicht der Verjährung.

IX. Abwehranspruch

§ 1004

Wird das Eigentum in anderer Weise als durch Entziehung oder Vorenthaltung des Besitzes beeinträchtigt, so kann der Eigentümer von dem Störer die Beseitigung der Beeinträchtigung verlangen. Sind weitere Beeinträchtigungen zu besorgen, so kann der Eigentümer auf Unterlassung klagen.

Der Anspruch ist ausgeschlossen, wenn der Eigentümer zur Duldung verpflichtet ist.

2

Hessisches Nachbarrechtsgesetz

vom 24. 9. 1962 (GVBl. I S. 417)

INHALTSVERZEICHNIS

---

1 Erläuterungen S. 42 ff.
2 Erläuterungen S. 54 ff.
3 Erläuterungen S. 59 ff.
4 Erläuterungen S. 68 ff.
5 Erläuterungen S. 89 f.
6 Erläuterungen S. 91 ff.
7 Erläuterungen S. 96 ff.
8 Erläuterungen S. 99 ff.

9 Erläuterungen S. 106 ff.
10 Erläuterungen S. 117 ff.
11 Erläuterungen S. 127 ff.

ERSTER ABSCHNITT

Nachbarwand[1]

§ 1
Errichten einer Nachbarwand

(1) Nachbarwand ist die auf der Grenze zweier Grundstücke errichtete Wand, die den auf diesen Grundstücken errichteten oder zu errichtenden Bauwerken als Abschlußwand oder zur Unterstützung oder Aussteifung dient oder dienen soll.

(2) Der Eigentümer eines Grundstücks darf eine Nachbarwand errichten, wenn

1. die Bebauung seines und des benachbarten Grundstücks bis an die Grenze vorgeschrieben oder zugelassen ist und
2. der Eigentümer des benachbarten Grundstücks einwilligt.

§ 2
Beschaffenheit der Nachbarwand

Die Nachbarwand ist in der Art und in der Dicke auszuführen, wie es notwendig ist, um den beabsichtigten Zweck zu erreichen. Höchstens mit der Hälfte der hiernach gebotenen Dicke darf sie das angrenzende Grundstück in Anspruch nehmen.

§ 3
Anbau an die Nachbarwand

(1) Der Eigentümer des Nachbargrundstücks ist berechtigt, an die Nachbarwand anzubauen. Anbau ist die Mitbenutzung der Nachbarwand als Abschlußwand oder zur Unterstützung oder Aussteifung des neuen Bauwerks.

(2) Der anbauende Eigentümer des Nachbargrundstücks ist zur Zahlung einer Vergütung in Höhe des halben Wertes der Nachbarwand, höchstens des halben Wertes einer Nachbarwand im Sinne des § 2 Satz 1 verpflichtet, soweit die Nach-

---

1 Erläuterungen S. 42 ff.

barwand durch den Anbau genutzt ist. Nimmt die Nachbarwand von dem angrenzenden Grundstück eine größere Bodenfläche in Anspruch, als § 2 Satz 2 vorsieht, so ist dies bei der Festsetzung der Vergütung angemessen zu berücksichtigen. Für die Berechnung des Wertes der Nachbarwand und für die Fälligkeit der Vergütung ist der Zeitpunkt der Rohbauabnahme des Anbaus maßgebend. Auf Verlangen ist Sicherheit in Höhe der voraussichtlich zu gewährenden Vergütung zu leisten; in solchem Falle darf der Anbau erst nach Leistung der Sicherheit begonnen oder fortgesetzt werden.

(3) Bis zum Anbau an die Nachbarwand fallen die Unterhaltungskosten dem Eigentümer allein zur Last. Nach dem Anbau sind die Unterhaltungskosten für den gemeinsam genutzten Teil der Nachbarwand von beiden Grundstückseigentümern entsprechend dem Verhältnis ihrer Beteiligung gemäß Abs. 2 Satz 1 und 2 zu tragen.

§ 4

Nichtbenutzen der Nachbarwand

(1) Wird das spätere Bauwerk nicht an die Nachbarwand angebaut, so hat der anbauberechtigte Eigentümer des Nachbargrundstücks für die durch die Errichtung der Nachbarwand entstandenen Mehraufwendungen gegenüber den Kosten der Herstellung einer Grenzwand (§ 8 Abs. 1) Ersatz zu leisten; dabei ist in angemessener Weise zu berücksichtigen, daß das Nachbargrundstück durch die Nachbarwand teilweise weiter genutzt wird. Der zu erstattende Betrag darf jedoch nicht höher sein als der, den der Eigentümer des Nachbargrundstücks im Falle des Anbaus nach § 3 Abs. 2 Satz 1 bis 3 zu zahlen hätte. Der Anspruch wird mit der Rohbauabnahme des späteren Bauwerks fällig.

(2) Der anbauberechtigte Eigentümer des Nachbargrundstücks ist ferner verpflichtet, die Fuge zwischen der Nachbarwand und seinem an die Nachbarwand herangebauten Bauwerk auf seine Kosten bündig mit der Außenfläche seines Bauwerks zu verdecken.

§ 5

Beseitigen der Nachbarwand

(1) Der Eigentümer der Nachbarwand ist berechtigt, die Nachbarwand ganz oder teilweise zu beseitigen, solange und soweit noch nicht angebaut ist.

(2) Das Recht nach Abs. 1 besteht nicht, wenn der anbauberechtigte Eigentümer des Nachbargrundstücks die Absicht, die Nachbarwand ganz oder teilweise durch Anbau zu nutzen, dem Eigentümer der Nachbarwand anzeigt und spätestens binnen sechs Monaten den erforderlichen Bauantrag bei der Bauaufsichtsbehörde einreicht.

(3) Abs. 2 ist nicht anwendbar, wenn der Eigentümer der Nachbarwand, bevor er eine Anzeige nach Abs. 2 erhalten hat, die Absicht, die Nachbarwand ganz oder teilweise zu beseitigen, dem Eigentümer des Nachbargrundstücks anzeigt und spätestens binnen sechs Monaten den erforderlichen Bauantrag bei der Bauaufsichtsbehörde einreicht.

(4) Gehen die Anzeigen nach Abs. 2 und 3 ihren Empfängern gleichzeitig zu, so hat die Anzeige nach Abs. 3 keine Rechtswirkung.

(5) Macht der Eigentümer der Nachbarwand von seinem Beseitigungsrecht zulässigen Gebrauch, so hat er dem Eigentümer des Nachbargrundstücks für die Dauer der Nutzung des Nachbargrundstücks durch den hinübergebauten Teil der Nachbarwand eine angemessene Vergütung zu leisten. Beseitigt der Eigentümer der Nachbarwand diese ganz oder teilweise, obwohl gemäß Abs. 2 ein Recht hierzu nicht besteht, so hat er dem anbauberechtigten Eigentümer des Nachbargrundstücks Ersatz für den durch die völlige oder teilweise Beseitigung der Anbaumöglichkeit zugefügten Schaden zu leisten; der Anspruch wird mit der Rohbauabnahme des späteren Bauwerks fällig.

§ 6

Erhöhen der Nachbarwand

Jeder Grundstückseigentümer ist berechtigt, die Nachbarwand in voller Dicke auf seine Kosten zu erhöhen. Für den erhöhten

Teil der Nachbarwand gelten die §§ 3, 4 Abs. 2 sowie § 5 Abs. 1 bis 4 und Abs. 5 Satz 2 entsprechend.

§ 7
Verstärken der Nachbarwand

Jeder Grundstückseigentümer darf die Nachbarwand auf seinem Grundstück verstärken.

ZWEITER ABSCHNITT

Grenzwand[2]

§ 8
Anbau an eine Grenzwand

(1) Grenzwand ist die an der Grenze zum Nachbargrundstück auf dem Grundstück des Erbauers errichtete Wand.

(2) Der Eigentümer des Nachbargrundstücks darf eine Grenzwand durch Anbau nutzen, wenn der Eigentümer der Grenzwand einwilligt. Anbau ist die Mitbenutzung der Grenzwand als Abschlußwand oder zur Unterstützung oder Aussteifung des neuen Bauwerks.

(3) Der anbauende Eigentümer des Nachbargrundstücks hat eine Vergütung in Höhe des halben Wertes der Grenzwand, soweit sie durch den Anbau genutzt ist, zu zahlen und ferner eine angemessene Vergütung dafür zu leisten, daß er den für die Errichtung einer eigenen Abschlußwand erforderlichen Baugrund einspart. Für die Berechnung des Wertes der Grenzwand und für die Fälligkeit der Vergütung ist der Zeitpunkt der Rohbauabnahme des Anbaus maßgebend. Auf Verlangen ist Sicherheit in Höhe der voraussichtlich zu gewährenden Vergütung zu leisten; in solchem Falle darf der Anbau erst nach Leistung der Sicherheit begonnen oder fortgesetzt werden.

---

2 Erläuterungen S. 54 ff.

(4) Nach dem Anbau sind die Unterhaltungskosten für den gemeinsam genutzten Teil der Grenzwand von den beiden Grundstückseigentümern zu gleichen Teilen zu tragen.

§ 9

Errichten einer zweiten Grenzwand

Steht auf einem Grundstück ein Bauwerk an der Grenze und wird später auf dem Nachbargrundstück an dieser Grenze ein Bauwerk errichtet, aber nicht an die Grenzwand angebaut, so ist dessen Erbauer verpflichtet, die Fuge zwischen den Grenzwänden auf seine Kosten bündig mit der Außenfläche des Bauwerks zu verdecken.

§ 10

Besondere Gründung

(1) Auf Verlangen des Eigentümers des Nachbargrundstücks ist der Erbauer eines an der gemeinsamen Grenze zu errichtenden Bauwerks verpflichtet, eine solche Gründung vorzunehmen, daß bei der späteren Durchführung des Bauvorhabens des Eigentümers des Nachbargrundstücks zusätzliche Baumaßnahmen vermieden werden. Der Eigentümer des Nachbargrundstücks kann das Verlangen nur bis zum Eingang des Bauantrags bei der Bauaufsichtsbehörde dem Bauherrn gegenüber stellen.

(2) Die durch das Verlangen nach Abs. 1 entstehenden Mehrkosten sind zu erstatten. In Höhe der voraussichtlich erwachsenden Mehrkosten ist auf Verlangen des Bauherrn binnen zwei Wochen Vorschuß zu leisten. Der Anspruch auf die besondere Gründung erlischt, wenn der Vorschuß nicht fristgerecht geleistet wird.

(3) Soweit der Bauherr die besondere Gründung auch zum Vorteil seines Bauwerks ausnutzt, beschränkt sich die Erstattungspflicht des Eigentümers des Nachbargrundstücks auf den angemessenen Kostenanteil. Bereits gezahlte Kosten können zurückgefordert werden.

DRITTER ABSCHNITT

Fenster- und Lichtrecht[3]

§ 11

Umfang und Inhalt

(1) In oder an der Außenwand eines Gebäudes, die parallel oder in einem Winkel bis zu 60 Grad zur Grenze des Nachbargrundstücks verläuft, dürfen Fenster oder Türen oder zum Betreten bestimmte Bauteile nur mit der Einwilligung des Eigentümers des Nachbargrundstücks angebracht werden, wenn die Fenster, die Türen oder die Bauteile von der Grenze einen geringeren Abstand als 2,5 Meter einhalten sollen.

(2) Die Einwilligung muß erteilt werden, wenn keine oder nur geringfügige Beeinträchtigungen zu erwarten sind.

§ 12

Ausnahmen

§ 11 Abs. 1 gilt nicht,

1. soweit nach öffentlich-rechtlichen Vorschriften Fenster, Türen oder zum Betreten bestimmte Bauteile anzubringen sind;
2. für lichtdurchlässige, jedoch undurchsichtige und gegen Feuereinwirkung widerstandsfähige Wandbauteile;
3. für Außenwände gegenüber Grenzen zu öffentlichen Straßen, zu öffentlichen Grünflächen und zu Gewässern.

§ 13

Ausschluß des Beseitigungsanspruchs

Der Anspruch auf Beseitigung einer Einrichtung nach § 11 Abs. 1, die einen geringeren als den in § 11 Abs. 1 vorgeschriebenen Abstand einhält, ist ausgeschlossen,

---

3 Erläuterungen S. 59 ff.

1. wenn die Einrichtung bei Inkrafttreten dieses Gesetzes vorhanden ist und ihr Abstand dem bisherigen Recht entspricht oder

2. wenn der Nachbar nicht binnen einem Jahr nach dem Anbringen der Einrichtung Klage auf Beseitigung erhoben hat; diese Frist beginnt frühestens mit dem Inkrafttreten dieses Gesetzes.

VIERTER ABSCHNITT

Einfriedung[4]

§ 14

Errichtung

(1) Der Eigentümer eines bebauten oder gewerblich genutzten Grundstücks ist auf Verlangen des Eigentümers des Nachbargrundstücks verpflichtet, sein Grundstück einzufrieden, soweit die Grenze zum Nachbargrundstück nicht mit Gebäuden besetzt ist. Sind beide Grundstücke bebaut oder gewerblich genutzt, so sind die Eigentümer der beiden Grundstücke gegenseitig verpflichtet, bei der Errichtung der Einfriedung mitzuwirken. Stellt das Verlangen nach Satz 1 der Eigentümer eines Grundstücks, das weder bebaut noch gewerblich genutzt ist, aber innerhalb eines im Zusammenhang bebauten Ortsteils gelegen oder in einem Bebauungsplan als Bauland ausgewiesen ist, so ist er berechtigt, bei der Errichtung der Einfriedung mitzuwirken.

(2) Die Einfriedung ist im Falle des Abs. 1 Satz 1 – vorbehaltlich des § 16 Abs. 1 – entlang der Grenze, in den übrigen Fällen auf der Grenze zu errichten.

(3) Als gewerblich genutzt im Sinne des Abs. 1 Satz 1 gilt nicht ein Grundstück, das dem Erwerbsgartenbau dient.

---

4 Erläuterungen S. 68 ff.

§ 15

Beschaffenheit

Die Einfriedung besteht aus einem ortsüblichen Zaun; läßt sich eine ortsübliche Einfriedung nicht feststellen, so besteht sie aus einem 1,2 Meter hohen Zaun aus verzinktem Maschendraht. Schreiben öffentlich-rechtliche Vorschriften eine andere Art der Einfriedung vor, so tritt diese an die Stelle der in Satz 1 genannten Einfriedungsart.

§ 16

Abstand von der Grenze

(1) Die Einfriedung muß von der Grenze eines Grundstücks, das außerhalb eines im Zusammenhang bebauten Ortsteils liegt und nicht in einem Bebauungsplan als Bauland ausgewiesen ist, 0,5 Meter zurückbleiben, auch wenn ein Verlangen nach § 14 Abs. 1 nicht gestellt worden ist. Dies gilt nicht gegenüber Grundstücken, für die nach Lage, Beschaffenheit oder Größe eine Bearbeitung mit Gespann oder Schlepper nicht in Betracht kommt.

(2) Der Anspruch auf Beseitigung einer Einfriedung, die einen geringeren als den nach Abs. 1 vorgeschriebenen Abstand einhält, ist ausgeschlossen,

1. wenn die Einfriedung bei Inkrafttreten dieses Gesetzes vorhanden ist und ihr Abstand dem bisherigen Recht entspricht oder
2. wenn der Nachbar nicht binnen zwei Jahren nach der Errichtung Klage auf Beseitigung erhoben hat; diese Frist beginnt frühestens mit dem Inkrafttreten dieses Gesetzes.

(3) Wird eine Einfriedung, die einen geringeren als den nach Abs. 1 vorgeschriebenen Abstand einhält, durch eine andere ersetzt, so gilt Abs. 1.

§ 17

Kosten der Errichtung

(1) In den Fällen des § 14 Abs. 1 Satz 2 und 3 tragen die beteiligten Grundstückseigentümer die Kosten der Errichtung der Einfriedung zu gleichen Teilen.

(2) Wird das an ein eingefriedetes Grundstück angrenzende Grundstück bebaut oder gewerblich genutzt, so ist der Eigentümer des angrenzenden Grundstücks, sofern eine Verpflichtung zur Übernahme anteiliger Errichtungskosten für ihn noch nicht entstanden ist, zur Zahlung einer Vergütung in Höhe der Hälfte der Kosten der Errichtung der Einfriedung unter angemessener Berücksichtigung der bisherigen Abnutzung verpflichtet; das gleiche gilt, wenn das angrenzende Grundstück in den im Zusammenhang bebauten Ortsteil einbezogen oder in einem Bebauungsplan als Bauland ausgewiesen wird, sofern der Eigentümer dieses Grundstücks oder sein Rechtsvorgänger die Errichtung der Einfriedung verlangt hatte.

(3) Der Berechnung sind die Errichtungskosten einer Einfriedung im Sinne des § 15, höchstens die tatsächlichen Aufwendungen, einschließlich der Eigenleistungen, zugrunde zu legen. Ist nur für eines der beiden Grundstücke eine Einfriedungsart nach § 15 Satz 2 vorgeschrieben, so sind der Berechnung die Errichtungskosten einer Einfriedung nach § 15 Satz 1, höchstens die tatsächlichen Aufwendungen, einschließlich der Eigenleistungen, zugrunde zu legen.

§ 18

Kosten der Unterhaltung

(1) Die Kosten der Unterhaltung der Einfriedung tragen die beteiligten Grundstückseigentümer je zur Hälfte, wenn für sie oder ihre Rechtsvorgänger die Verpflichtung zur Tragung von Errichtungskosten begründet worden ist.

(2) § 17 Abs. 3 gilt entsprechend.

§ 19

Ausnahmen

Die §§ 14 bis 18 gelten nicht für Einfriedungen zwischen Grundstücken und den an sie angrenzenden öffentlichen Straßen, öffentlichen Grünflächen und Gewässern.

FÜNFTER ABSCHNITT

Veränderung des Grundwasserspiegels[5]

§ 20

Der Eigentümer und die Nutzungsberechtigten eines Grundstücks dürfen auf dessen Untergrund mit physikalischen oder chemischen Mitteln nicht in einer Weise einwirken, daß der Grundwasserspiegel steigt oder sinkt und dadurch auf einem Nachbargrundstück erhebliche Beeinträchtigungen hervorgerufen werden.

SECHSTER ABSCHNITT

Wild abfließendes Wasser[6]

§ 21

Abfluß und Zufluß

(1) Wild abfließendes Wasser ist oberirdisch außerhalb eines Bettes abfließendes Quell- oder Niederschlagswasser.

(2) Der Eigentümer und die Nutzungsberechtigten eines Grundstücks dürfen nicht

1. den Abfluß wild abfließenden Wassers auf Nachbargrundstücke verstärken,
2. den Zufluß wild abfließenden Wassers von Nachbargrundstücken auf ihr Grundstück hindern,

wenn dadurch die Nachbargrundstücke erheblich beeinträchtigt werden.

(3) Der Eigentümer und die Nutzungsberechtigten eines Grundstücks dürfen den Abfluß von Niederschlagswasser von ihrem Grundstück auf Nachbargrundstücke mindern oder unterbinden.

5 Erläuterungen S. 89 f.
6 Erläuterungen S. 91 ff.

§ 22

Wiederherstellung des früheren Zustandes

(1) Haben Naturereignisse den Abfluß wild abfließenden Wassers von einem Grundstück auf ein Nachbargrundstück verstärkt oder den Zufluß wild abfließenden Wassers von einem Nachbargrundstück auf ein Grundstück gemindert oder unterbunden und wird dadurch das Nachbargrundstück erheblich beeinträchtigt, so müssen der Eigentümer und die Nutzungsberechtigten des Grundstücks die Wiederherstellung des früheren Zustandes durch den Eigentümer und die Nutzungsberechtigten des beeinträchtigten Nachbargrundstücks dulden.

(2) Die Wiederherstellung muß binnen drei Jahren vom Ende des Jahres ab, in dem die Veränderung eingetreten ist, durchgeführt werden. Während der Dauer eines Rechtsstreits über die Verpflichtung zur Duldung der Wiederherstellung ist der Lauf der Frist für die Prozeßbeteiligten gehemmt.

§ 23

Schadensersatz

Schaden, der bei Ausübung des Rechts auf dem betroffenen Grundstück entsteht, ist zu ersetzen. Auf Verlangen ist Sicherheit in Höhe des voraussichtlichen Schadensbetrags zu leisten; in solchem Falle darf das Recht erst nach Leistung der Sicherheit ausgeübt werden.

§ 24

Anzeigepflicht

(1) Die Absicht, das Recht nach § 22 Abs. 1 auszuüben, ist zwei Wochen vor Beginn der Bauarbeiten dem Eigentümer und, soweit deren Rechtsstellung oder Besitzstand davon berührt wird, auch den Nutzungsberechtigten des betroffenen Grundstücks anzuzeigen.

(2) Ist der Duldungspflichtige, der nicht unmittelbarer Besitzer ist, nicht bekannt oder infolge Aufenthalts im Ausland

nicht alsbald erreichbar und hat er auch keinen Vertreter bestellt, so genügt insoweit die Anzeige an den unmittelbaren Besitzer.

§ 25
Wegfall der Verpflichtung zur Sicherheitsleistung und zur Anzeige

Ist die Ausübung des Rechts nach § 22 Abs. 1 zur Abwendung einer gegenwärtigen erheblichen Gefahr erforderlich, so entfällt die Verpflichtung zur Sicherheitsleistung und zur Anzeige.

SIEBENTER ABSCHNITT
Dachtraufe[7]

§ 26
Niederschlagswasser

(1) Der Eigentümer und die Nutzungsberechtigten eines Grundstücks müssen ihre baulichen Anlagen so einrichten, daß

1. Niederschlagswasser nicht auf das Nachbargrundstück tropft oder nach diesem abgeleitet wird,
2. Niederschlagswasser, das auf das eigene Grundstück tropft oder abgeleitet ist, nicht auf das Nachbargrundstück übertritt.

(2) Abs. 1 findet keine Anwendung auf freistehende Mauern entlang öffentlicher Straßen und öffentlicher Grünflächen.

§ 27
Anbringen von Sammel- und Abflußeinrichtungen

(1) Der Eigentümer und die Nutzungsberechtigten eines Grundstücks, die aus besonderem Rechtsgrund verpflichtet sind, das von den baulichen Anlagen eines Nachbargrundstücks trop-

7 Erläuterungen S. 96 ff.

fende oder abgeleitete oder von dem Nachbargrundstück übertretende Niederschlagswasser aufzunehmen, sind berechtigt, auf eigene Kosten besondere Sammel- und Abflußeinrichtungen an der baulichen Anlage des traufberechtigten Nachbarn anzubringen, wenn die damit verbundene Beeinträchtigung nicht erheblich ist. Sie haben diese Einrichtungen zu unterhalten.

(2) Für die Verpflichtungen zum Schadensersatz und zur Anzeige gelten die §§ 23 und 24 entsprechend.

ACHTER ABSCHNITT

Hammerschlags- und Leiterrecht[8]

§ 28

Inhalt und Umfang

(1) Der Eigentümer und die Nutzungsberechtigten eines Grundstücks müssen dulden, daß ihr Grundstück von dem Eigentümer und den Nutzungsberechtigten des Nachbargrundstücks zwecks Errichtung, Veränderung, Unterhaltung oder Beseitigung einer baulichen Anlage betreten wird und daß auf oder über ihm Gerüste aufgestellt sowie die zu den Bauarbeiten erforderlichen Gegenstände über das Grundstück gebracht oder dort niedergelegt werden, wenn und soweit

1. das Vorhaben anders nicht zweckmäßig oder nur mit unverhältnismäßig hohen Kosten durchgeführt werden kann,
2. die mit der Duldung verbundenen Nachteile oder Belästigungen nicht außer Verhältnis zu dem von dem Berechtigten erstrebten Vorteil stehen und
3. das Vorhaben den baurechtlichen Vorschriften entspricht.

(2) Das Recht ist mit tunlichster Schonung auszuüben. Wird das betroffene Grundstück landwirtschaftlich oder gewerbsmäßig gärtnerisch genutzt, so darf das Recht nicht zur Unzeit geltend gemacht werden, wenn sich die Arbeiten unschwer auf einen späteren Zeitpunkt verlegen lassen.

(3) Abs. 1 findet auf die Eigentümer öffentlicher Straßen keine Anwendung.

---

8 Erläuterungen S. 99 ff.

§ 29

Schadensersatz und Anzeigepflicht

Für die Verpflichtungen zum Schadensersatz und zur Anzeige gelten die §§ 23 bis 25 entsprechend.

NEUNTER ABSCHNITT

Duldung von Leitungen[9]

§ 30

Leitungen in Privatgrundstücken

(1) Der Eigentümer und die Nutzungsberechtigten eines Grundstücks müssen dulden, daß durch ihr Grundstück der Eigentümer und die Nutzungsberechtigten des Nachbargrundstücks auf ihre Kosten Versorgungs- und Abwasserleitungen hindurchführen, wenn

1. der Anschluß an das Versorgungs- und Entwässerungsnetz anders nicht zweckmäßig oder nur mit unverhältnismäßig hohen Kosten durchgeführt werden kann und
2. die damit verbundene Beeinträchtigung nicht erheblich ist.

(2) Ist das betroffene Grundstück an das Versorgungs- und Entwässerungsnetz bereits angeschlossen und reichen die vorhandenen Leitungen aus, um die Versorgung oder Entwässerung der beiden Grundstücke durchzuführen, so beschränkt sich die Verpflichtung nach Abs. 1 auf das Dulden des Anschlusses. Im Falle des Anschlusses ist zu den Herstellungskosten des Teils der Leitungen, der nach dem Anschluß mitbenutzt werden soll, ein angemessener Beitrag und auf Verlangen Sicherheit in Höhe des voraussichtlichen Beitrags zu leisten. In solchem Falle darf der Anschluß erst nach Leistung der Sicherheit vorgenommen werden.

(3) Bestehen mehrere Möglichkeiten der Durchführung, so ist die für das betroffene Grundstück schonendste zu wählen.

---

9 Erläuterungen S. 106 ff.

§ 31

Unterhaltung

(1) Der Berechtigte hat die nach § 30 Abs. 1 verlegten Leitungen oder die nach § 30 Abs. 2 hergestellten Anschlußleitungen auf seine Kosten zu unterhalten. Zu den Unterhaltungskosten der Teile der Leitungen, die von ihm mitbenutzt werden, hat er einen angemessenen Beitrag zu leisten.

(2) Zur Durchführung von Maßnahmen im Sinne des Abs. 1 Satz 1 darf der Berechtigte das betroffene Grundstück betreten.

§ 32

Schadensersatz und Anzeigepflicht

Für die Verpflichtungen zum Schadensersatz und zur Anzeige gelten die §§ 23 bis 25 entsprechend.

§ 33

Nachträgliche erhebliche Beeinträchtigung

(1) Führen die nach § 30 Abs. 1 verlegten Leitungen oder die nach § 30 Abs. 2 hergestellten Anschlußleitungen nachträglich zu einer erheblichen Beeinträchtigung, so können der Eigentümer und die Nutzungsberechtigten des betroffenen Grundstücks von dem Berechtigten verlangen, daß er seine Leitungen beseitigt und die Beseitigung der Teile der Leitungen, die gemeinschaftlich benutzt werden, duldet. Dieses Recht entfällt, wenn der Berechtigte die Beeinträchtigung so herabmindert, daß sie nicht mehr erheblich ist.

(2) Schaden, der durch die Maßnahmen nach Abs. 1 auf dem betroffenen Grundstück entsteht, ist zu ersetzen.

§ 34

Anschlußrecht des Duldungspflichtigen

(1) Der Eigentümer und die Nutzungsberechtigten eines Grundstücks, das gemäß § 30 Abs. 1 in Anspruch genommen ist, sind berechtigt, ihrerseits an die verlegten Leitungen anzu-

schließen, wenn diese ausreichen, um die Versorgung oder Entwässerung der beiden Grundstücke durchzuführen. § 30 Abs. 2 Satz 2 und § 31 Abs. 1 gelten entsprechend.

(2) Soll ein auf dem betroffenen Grundstück errichtetes oder noch zu erstellendes Gebäude an die Leitungen angeschlossen werden, die der Eigentümer oder die Nutzungsberechtigten des Nachbargrundstücks nach § 30 Abs. 1 durch das Grundstück hindurchführen wollen, so können der Eigentümer und die Nutzungsberechtigten des betroffenen Grundstücks verlangen, daß die Leitungen in einer ihrem Vorhaben Rechnung tragenden und technisch vertretbaren Weise verlegt werden. Die durch dieses Verlangen entstandenen Mehrkosten sind zu erstatten. In Höhe der voraussichtlich erwachsenden Mehrkosten ist auf Verlangen binnen zwei Wochen Vorschuß zu leisten; der Anspruch nach Satz 1 erlischt, wenn der Vorschuß nicht fristgerecht geleistet wird.

§ 35

Leitungen in öffentlichen Straßen

Die §§ 30 bis 34 gelten nicht für die Verlegung von Leitungen in öffentlichen Straßen und in öffentlichen Grünflächen.

ZEHNTER ABSCHNITT

Höherführen von Schornsteinen und Lüftungsschächten[10]

§ 36

Inhalt und Umfang

(1) Der Eigentümer und die Nutzungsberechtigten eines Grundstücks müssen dulden, daß an ihrem Gebäude der Eigentümer und die Nutzungsberechtigten des angrenzenden niederen Gebäudes ihre Schornsteine und Lüftungsschächte befestigen, wenn

10 Erläuterungen S. 117 ff.

1. die Erhöhung der Schornsteine und Lüftungsschächte zur Erzielung der notwendigen Zug- und Saugwirkung erforderlich ist und
2. die Befestigung der höhergeführten Schornsteine und Lüftungsschächte anders nicht zweckmäßig oder nur mit unverhältnismäßig hohen Kosten durchgeführt werden kann.

(2) Der Eigentümer und die Nutzungsberechtigten des betroffenen Grundstücks müssen ferner dulden, daß die höhergeführten Schornsteine und Lüftungsschächte des Nachbargebäudes von ihrem Grundstück aus unterhalten und gereinigt und die hierzu erforderlichen Einrichtungen angebracht werden, wenn diese Maßnahmen anders nicht zweckmäßig oder nur mit unverhältnismäßig hohen Kosten durchgeführt werden können. Sie können aber den Berechtigten darauf verweisen, eine Steigleiter an ihrem Gebäude anzubringen und zu benutzen, wenn diese Lösung technisch zweckmäßig ist.

§ 37

Schadensersatz und Anzeigepflicht

Für die Verpflichtungen zum Schadensersatz und zur Anzeige gelten die §§ 23 bis 25 entsprechend. Die Anzeigepflicht entfällt auch, wenn die nach der Kehrordnung vorgeschriebene Reinigung durchgeführt werden soll.

ELFTER ABSCHNITT

Grenzabstände für Pflanzen[11]

§ 38

Grenzabstände für Bäume, Sträucher und einzelne Rebstöcke

Der Eigentümer und die Nutzungsberechtigten eines Grundstücks haben bei dem Anpflanzen von Bäumen, Sträuchern und einzelnen Rebstöcken von den Nachbargrundstücken – vorbehaltlich des § 40 – folgende Abstände einzuhalten:

---

11 Erläuterungen S. 127 ff.

1. mit Allee- und Parkbäumen, und zwar
   a) sehr stark wachsenden Allee- und Parkbäumen, insbesondere dem Eschenahorn (Acer negundo), sämtlichen Lindenarten (Tilia), der Platane (Platanus acerifolia), der Roßkastanie (Aesculus hippocastanum), der Rotbuche (Fagus sylvatica), der Stieleiche (Quercus robur), ferner der Atlas- und Libanon-Zeder (Cedrus atlantica und libani), der Douglasfichte (Pseudotsuga taxifolia), der Eibe (Taxus baccata), der österreichischen Schwarzkiefer (Pinus nigra austriaca) . . . . 4 m,
   b) stark wachsenden Allee- und Parkbäumen, insbesondere der Mehlbeere (Sorbus intermedia), der Weißbirke (Betula pendula), der Weißerle (Alnus incana), ferner der Fichte oder Rottanne (Picea abies), der gemeinen Kiefer oder Föhre (Pinus sylvestris), dem abendländischen Lebensbaum (Thuja occidentalis) . . . . 2 m,
   c) allen übrigen Allee- und Parkbäumen . . . 1,5 m,
2. mit Obstbäumen, und zwar
   a) Walnußsämlingsbäumen . . . . 4 m,
   b) Kernobstbäumen, soweit sie auf stark wachsender Unterlage veredelt sind, sowie Süßkirschenbäumen und veredelten Walnußbäumen . . . . 2 m,
   c) Kernobstbäumen, soweit sie auf schwach wachsender Unterlage veredelt sind, sowie Steinobstbäumen, ausgenommen die Süßkirschenbäume . . . . . . 1,5 m,
3. mit Ziersträuchern, und zwar
   a) stark wachsenden Ziersträuchern, insbesondere der Alpenrose (Rhododendron-Hybriden), dem Feldahorn (Acer campestre), dem Feuerdorn (Pyracantha coccinea), dem Flieder (Syringa vulgaris), dem Goldglöckchen (Forsythia intermedia), der rotblättrigen Haselnuß (Corylus avellana v. fuscorubra), den stark wachsenden Pfeifensträuchern – falscher Jasmin – (Philadelphus coronarius, satsumanus, zeyheri u. a.), ferner dem Wacholder (Juniperus communis) . . . . 1 m,
   b) allen übrigen Ziersträuchern . . . . 0,5 m,

4. mit Beerenobststräuchern, und zwar
   a) Brombeersträuchern . . . . 1 m,
   b) allen übrigen Beerenobststräuchern . . . . 0,5 m,
5. mit einzelnen Rebstöcken . . . . 0,5 m.

§ 39

Grenzabstände für lebende Hecken

(1) Der Eigentümer und die Nutzungsberechtigten eines Grundstücks haben bei dem Anpflanzen lebender Hecken von den Nachbargrundstücken – vorbehaltlich des § 40 – folgende Abstände einzuhalten:

1. mit Hecken über 2 m Höhe . . . . 0,75 m,
2. mit Hecken bis zu 2 m Höhe . . . . 0,50 m,
3. mit Hecken bis zu 1,2 m Höhe . . . . 0,25 m.

(2) Abs. 1 gilt nicht für Hecken, die das öffentliche Recht als Einfriedung vorschreibt.

§ 40

Ausnahmen

(1) Die doppelten Abstände nach den §§ 38 und 39 sind einzuhalten gegenüber Grundstücken, die

1. dem Weinbau dienen,
2. landwirtschaftlich nutzbar sind oder dem Erwerbsgartenbau oder dem Kleingartenbau dienen und im Außenbereich (§ 19 Abs. 2 des Bundesbaugesetzes)* liegen oder
3. durch Bebauungsplan der landwirtschaftlichen, erwerbsgärtnerischen oder kleingärtnerischen Nutzung vorbehalten sind.

(2) Die §§ 38 und 39 gelten nicht für

1. Anpflanzungen, die hinter einer Wand oder Mauer vorgenommen werden und diese nicht überragen,
2. Anpflanzungen an den Grenzen zu öffentlichen Straßen, zu öffentlichen Grünflächen und zu Gewässern,
3. Anpflanzungen auf öffentlichen Straßen.

(3) § 13 Abs. 4 und 5 ** des Hessischen Forstgesetzes vom 10. November 1954 (GVBl. S. 211) bleibt unberührt.

---

*Jetzt § 19 Abs. 1 Nr. 3, § 35 BauGB.

**§ 40 Abs. 3 ist durch Art. 3 des Gesetzes vom 16. 3. 1970 (GVBl. S. 234) geändert.

§ 41
Berechnung des Abstandes

Der Abstand wird von der Mitte des Baumstammes, des Strauches oder des Rebstocks bis zur Grenzlinie gemessen, und zwar an der Stelle, an der der Baum, der Strauch oder der Rebstock aus dem Boden austritt.

§ 42
Grenzabstand im Weinbau

(1) Der Eigentümer und die Nutzungsberechtigten eines dem Weinbau dienenden Grundstücks haben bei dem Anpflanzen von Rebstöcken folgende Abstände einzuhalten:

1. gegenüber den parallel zu den Rebzeilen verlaufenden Grenzen die Hälfte des geringsten Zeilenabstandes, gemessen zwischen den Mittellinien der Rebzeilen, mindestens aber 0,75 m,
2. gegenüber den sonstigen Grenzen, gerechnet von dem äußersten Rebstock oder von der Verankerung, falls eine solche vorhanden ist, 0,5 m.

(2) Übersteigt die Gesamthöhe der Rebanlage 1,8 m (Rebschnittgärten, Weitraumanlage), so beträgt der Abstand nach Abs. 1 Nr. 1 mindestens 1,5 m.

§ 43
Ausschluß des Beseitigungsanspruchs und Ersatzanpflanzungen

(1) Der Anspruch auf Beseitigung von Anpflanzungen, die geringere als die in den §§ 38 bis 42 vorgeschriebenen Abstände einhalten, ist ausgeschlossen,

1. wenn die Anpflanzungen bei Inkrafttreten dieses Gesetzes vorhanden sind und ihre Abstände dem bisherigen Recht entsprechen oder
2. wenn der Nachbar nicht binnen fünf Jahren nach dem Anpflanzen Klage auf Beseitigung erhoben hat; diese Frist beginnt frühestens mit dem Inkrafttreten dieses Gesetzes.

(2) Werden für die in Abs. 1 genannten Anpflanzungen Ersatzanpflanzungen vorgenommen, so gelten die §§ 38 bis 42. Werden aber in geschlossenen Obstanlagen einzelne Obstbäume nachgepflanzt, so bleibt der Abstand der anderen Obstbäume maßgebend.

§ 44

Nachträgliche Grenzänderungen

Die Rechtmäßigkeit des Abstandes einer Anpflanzung wird durch nachträgliche Grenzänderungen nicht berührt; jedoch gilt § 43 Abs. 2 entsprechend.

ZWÖLFTER ABSCHNITT

Anwendungsbereich des Gesetzes

§ 45

Die §§ 1 bis 44 gelten nur, soweit öffentlich-rechtliche Vorschriften nicht entgegenstehen oder die Beteiligten nichts anderes vereinbaren.

DREIZEHNTER ABSCHNITT

Schlußbestimmungen

§ 46

Übergangsvorschriften

Der Umfang von Rechten, die bei Inkrafttreten dieses Gesetzes bestehen, richtet sich – unbeschadet des § 13, des § 16 Abs. 2 und des § 43 Abs. 1 – nach den Vorschriften dieses Gesetzes.

§ 47

Änderung des Hessischen Wassergesetzes

§ 73 des Hessischen Wassergesetzes vom 6. Juli 1960 (GVBl. S. 69) erhält folgende Fassung:

„§ 73

Veränderung des Zu- und Abflusses

Aus Gründen des Wohles der Allgemeinheit, insbesondere der Wasserwirtschaft und des öffentlichen Verkehrs, kann die obere Wasserbehörde eine künstliche Veränderung des Zu- oder Abflusses von wild abfließendem Wasser anordnen. Stellt die Anordnung eine Enteignung dar, so ist dafür Entschädigung zu leisten."

§ 48

Außerkrafttreten von Vorschriften

Die diesem Gesetz entgegenstehenden Vorschriften werden aufgehoben. Namentlich werden folgende Vorschriften aufgehoben, soweit sie nicht bereits außer Kraft getreten sind:

1. Achter Theil Titel I §§ VI bis XX, Titel III § II, Titel IV §§ I bis IV, Titel VI §§ V bis VII, Titel VII §§ II bis XI, Neunter Theil, Titel IV §§ I bis X, Titel V §§ II und III der Frankfurter Reformation vom 10. September 1611,
2. Beschluß des Frankfurter Senats vom 7. Februar 1708: „Inwieferne der Nachbar eine Brandmauer mit zu bauen verbunden seyn solle",
3. 6. Theil Cap. III der Nassau-Catzenelnbogischen Land-Ordnung vom 1. Mai 1711,
4. Titel XXII §§ 2, 8 bis 16 des Landesrechts des Ertzstiffts Trier vom 27. April 1713,
5. Art. VI § 8, Art. XIII § 3, Art. XX § 8 der Kurhessischen Greben-Verordnung vom 6. November 1739,
6. Beschluß des Frankfurter Senats vom 3. Juni 1749: „Inwieferne des Nachbars Fenster verbauet werden können",
7. Titulus VII §§ 18 bis 23, 25, 32 bis 35 und Titulus VIII § 13 der Churfürstlich-Mayntzischen Lands-Ordnung vom 24. Juli 1755,
8. §§ 19 bis 47 der Kurhessischen Bauordnung vom 9. Januar 1784,

9. Erster Theil Titel 8 §§ 118 bis 186, Erster Theil Titel 22 §§ 55 bis 62 des Allgemeinen Landrechts für die preußischen Staaten vom 5. Februar 1794,
10. Kap. 1 §§ 11 bis 22, 24 bis 26,
Kap. 2 § 4,
Kap. 4 §§ 1 bis 5,
Kap. 6 §§ 4 bis 8,
Kap. 7 §§ 3 bis 18,
Kap. 8 §§ 1 bis 3 des Neuen Baustatuts für die Stadt Frankfurt und Sachsenhausen vom 11. Juni 1809,
11. § 11 Abs. 1 der Verordnung, die Güterconsolidation sowie die Anlegung von Lagerbüchern und das Ab- und Zuschreiben in denselben betreffend, vom 12. September 1829 (Verordnungsblatt des Herzogtums Nassau S. 65),
12. Art. I §§ 1, 3, 4 und 23 des Frankfurter Gesetzes, den Wich, die Einfriedigungen, die Furchen und Notwege in den Gemarkungen von Frankfurt und Sachsenhausen betreffend, vom 1. April 1851,
13. § 3, § 4 Abs. 2, § 7 des Frankfurter Gesetzes, die Errichtung von Brandmauern betreffend, vom 1. April 1851,
14. Art. 46 des Gesetzes, die allgemeine Bauordnung betreffend, vom 30. April 1881 (RegBl. S. 71) in der Fassung des Art. 278 des Hessischen Gesetzes, die Ausführung des Bürgerlichen Gesetzbuches betreffend, vom 17. Juli 1899 (RegBl. S. 133),
15. Art. 82 bis 89 des Hessischen Gesetzes, die Ausführung des Bürgerlichen Gesetzbuches betreffend, vom 17. Juli 1899 (RegBl. S. 133),
16. Art. 23 §§ 1 bis 3 des Preußischen Ausführungsgesetzes zum Bürgerlichen Gesetzbuch vom 20. September 1899 (Preuß. Gesetzsamml. S. 177),
17. § 2 der Verordnung des Oberbürgermeisters der Stadt Frankfurt am Main als Ortspolizeibehörde vom 23. Oktober 1933 (Städt. Anzeigeblatt S. 558).

§ 49

Inkrafttreten des Gesetzes

Dieses Gesetz tritt am 1. November 1962 in Kraft.

SACHREGISTER

Die Zahlen geben die Seiten an